尋找新人類

黃毓芳一著

僅以此書獻給我的靈性導師汪筱玲女士
以及新人類的捍衛戰士們

聽靈魂說故事，說故事給靈魂聽
願新人類的故事，喚醒更多人的覺醒
一同投入創建新天新地和諧永續的新地球

推薦序一

首先恭喜Ellie完成了這本新人類的短篇故事集，濃縮過去十多年，我們一同經歷的靈魂遊學、天地任務以及基地建設。這些點滴的記憶雖然是站在Ellie的視角來撰寫，我相信每位讀者一定都會有所共鳴，尤其是那些觸及靈魂的感動瞬間。

早期，我們還在密集帶領學員前往馬來西亞參加《鼓動生命原動力》課程的時期，連續五天的高強度課程，參與服務的工作人員，要如何保持最高品質的熱情？我曾經對工作團隊說過這樣一句話：「如果一個學員這輩子只有這次機會，能夠來參加這樣的靈魂課程，你會用什麼樣的心態來服務他？」我想，就是這份信念使然，讓我們在服務靈魂的道路上始終堅持，永不放棄！

感謝我的靈性導師，新人類／CGC創辦人汪筱玲老師，她以身作則地帶領著團隊開疆闢土，那些我們走過的路，都已經在天地間留下最神聖美好的能量記憶；我們還在前進的道路上，用心靈的視角、教育的力量來打造集體共好的靈性文化社區是我們努力的方向，靈魂知道唯有聯合集體的力量，人類才足以共同應對即將到來的天災與人心的挑戰。

願這本新人類短篇故事集，能夠尋找到更多已經在路上的新人類家族，並誠摯地邀請您們，與CGC一起共創新天新地和諧永續的新地球。

賴婉如 CGC星際靈魂學院院長

推薦序二

當Ellie找到我幫這本書寫序的時候，我的第一反應是自己沒有這個資格，在身心靈的道路上我還只是個初學者，但Ellie是我生命中的天使，也是她把我領到身心靈的學習之路上，我覺得於公於私我都要寫，就當是爲新人類做一點點微不足道的事情。

讀完這本書，我能夠在字裡行間深切地感受到Ellie的那顆滾燙卻又純淨、勇敢而又深情的心，以及她作爲一名全身心奉獻愛給到我們生活的這個世界的一名新人類的那份堅定和執著。讀著讀著，過往和Ellie一起經歷的那些對身心靈探索的令人難忘的時刻和場景，一幕幕地浮現在我的眼前。

我和Ellie初識於十四年前，我們在同一家跨國公司成爲了同事，她給我的初期印象還是一個工作認眞又敬業的職場精英，但漸漸地，她那份獨有的率眞和善良，讓我總覺得這個女生有著某種與衆不同的特質，並且深深地吸引著我，我們的友誼就此開始，直到現在。

在Ellie的鼓勵和陪伴下，我開始參加一些新人類的活動，包括一些身心靈方面的課程和交流，還有曼陀羅繪畫等對自己內心深處的探索，讓我充滿了好奇，而且受益匪淺，新人類的那句「把愛找回來，把愛傳出去」的口號也一下子打開了我封存已久的心，這不正是我一直在尋找的我想做的事嗎？

二〇一七年，我的家庭發生了很大的變故，讓我陷入低谷，還好有Ellie這樣一位益友，我先後參加了兩次普陀山預見靈魂之旅，以及青城峨眉山的身心靈淨化之旅，並且來到臺灣的基地和自己的靈魂相遇、和解，每一次經歷和體驗都是一次令人震撼的汲取和感動，讓我重新認識自己，並臣服於當下，讓我知道我有靈魂的陪伴，有諸神的庇佑，讓我知道人生除了會經歷苦難，更會經歷愛與被愛，我們每個人的心中都有一種無邊的力量叫做慈悲。

之後Ellie回到臺灣，我們彼此遙望，彼此牽掛，每次聽到或看到她的消息都讓我感到欣慰，我也有幸爲一號龍柱的建設貢獻了一點點微薄之力。當我讀到Ellie在書中的這段描述時，我由衷地爲她感到自豪，也爲基地建設能夠如此順利地進行感到欣喜。

借此機會，也要感謝CGC筱玲姐的幫助，還有在新人類結識的很多良師益友，古平姐，Serena……我和Ellie已經有五年沒有見面了，我知道她也時常面臨困惑、面臨挑戰，但讀了這本《尋找新人類》，我篤定地確信她已經變得更加強大、更加堅定，我也深信她在未來的日子裡，能夠爲我們這個世界，爲我們這顆星球做出更大的貢獻。

我希望有更多的人能夠有機會讀到這本書，不論你是正在經歷身心靈的學習，還是暫時還沒有觸及，我相信你都會在這本書裡有所發現、有所觸動，也希望這本書能夠爲更多人打開一扇通往新世界的大門。

阮偉華 恆洁集團 高級市場副總裁

推薦序三

我和芳芳從國中一年級開始就是同班同學，國中三年、高中三年！我們一起晨昏學習、同甘共苦，一直到我們十八歲都各自上了大學，開啟人生不同的篇章。曾經的同窗情誼與唸書求學的革命情感，讓我們即使近三十年來各自在生命旅程中馳騁著，一通電話、一句問候到來時，依然是那麼熟悉自然，這應該也是我們生命旅程中，靈魂曾經相互感動地累積吧！

所以當芳芳跟我說，她要出書了，希望我幫她寫個序，我將我第一次的書序，獻給芳芳的第一本書，一本生命的紀錄，希望我也藉著這樣的紀錄，能與你（妳）們，共同分享並推薦這本特別的生命歷程《尋找新人類》。

在人生旅程中，有沒有曾經問過自己，生命的意義是什麼？活著追求的目標是什麼？除了世間看得到的「成就」，生命還可以如何更有趣、更豐富、更有意義嗎？許多的自我好奇、自己對自己的問答，是否也曾經有過呢？這本短篇故事集，就是一場自我探索歷程的分享，也藉著參與這樣的分享，讓我們有機會回想自己生命歷程中的轉折，讓我們成爲更完整的自己。

在我閱讀《尋找新人類》時，習慣像看論文般的標註與眉批，也註記了芳芳在不同靈魂旅程中的體悟與感受，有許多的似曾相識，也有在面對生命課題的共鳴。

其中一個共鳴，就是教育~怎麼做教育呢？教育一定要在「校園」嗎？教育者的身分一定是「老師」嗎？我們經常聽到，要身教（以身作則）、要言教（耳濡目染），然而，除了身教、言教，還有更進一步的境教（環境營造）、制教（制度建立）及心教（發自內心願意去做）。

當我以老師的身分，我會問我自己，如何持續帶著熱忱，面對我的學生呢？每個我接觸過的學生，如果這輩子，只有這堂課程、這次會議、這場工作坊……有機會和我接觸，我要用什麼樣的心態，來與我的學生互動？我會希望學生們可以成爲更好的自己，我也希望教學相長的過程，我成爲更好的自己，所以每次的互動，都是獨一無二，也發自內心分外珍惜。

當場景轉換，不一定是校園或教室，而是生活中每個不同的場景時，其實也是一樣的啊，無論是自己的獨處、和家人、朋友、同事……互動的過程，不只影響了周遭跟我們互動的生命個體，其實也影響了自己！

當我在讀著這本生命故事時，一直閃過腦海中的，還有我認識自己了嗎？怎麼能夠更認識自己？如何成爲更好的自己？自己更喜歡的自己？

隨著整本書讀到最後一個篇章，我有了另外的共鳴，我們都在透過生命的體驗，做中學中做，在校園、在研究室、而有更多的是在社會大學……，我們豐富並累積生命的歷練，修正自己的行爲（修行），成爲更好、更有能力去付出的人！

希望你（妳）能讀完這本短篇故事集，這不只是我的好同學面對自我脫胎換骨的歷程，也可能是我們每個人面對生命與靈魂旅程中，自我探索的歷程。表達的方式、語言、宗教觀點或許不一樣，但都是希望活出自我，活出靈魂本質的眞善美～

魏裕珍 國立高雄科技大學 金融系副教授

目錄 CONTENTS

未來世界的超級新人類

靈性智慧導師奧修曾經這樣闡述到（摘錄）：

新人類並不是來自另外一個星球的人，新人類就是處於新鮮狀態下的你，新人類就是當你的心寧靜時的你，當你處於深度靜心狀態下的你，當你處於很美的愛的空間時的你，當你處於喜悅的歌唱時的你，當你處於狂喜的跳舞時的你，當你愛這個地球時的你。

地球是你的母親，這些樹木是你的兄弟，這些星星是你的朋友。我們可以經歷一次完全的蛻變，我們可以創造出天真的人、具有愛心的人、在自由的環境下呼吸的人、互相幫助使對方自由的人。我們可以創造出有利的環境，讓每一個人都能夠被賦予尊榮，都能夠受到尊敬，不是按照某些理想或價值而受到尊敬，而只是就他本來的樣子而受到尊敬。

那些具有年輕心靈的人，當我說年輕心靈，包含那些心靈不老的老年人，但是它不包含那些心靈很老的年輕人，在心靈上年輕的人將會成爲新人類，新人類並不是一個希望，你已經懷著他，我的工作只是要使你覺知到新人類已經來到了，我的工作就是要幫助你去認出他和尊敬他，新人類將成爲這個地球上的精華！

文化意義上的新人類，指的是一群遵從新紀元運動概念的人，象徵著深刻的轉變與對未來的期望，他們追求存在意義的探索，將傳統價值觀與現代思維進行融合，他們追求身心靈整體的平衡生活，認爲新時代的社會需要接納多元與融合，才能共同迎接新紀元的挑戰與契機。以下是CGC星際導覽Serena Frangia撰寫於二〇一九年的文字：

未來世界的超級新人類，在人格特質上會展現對生命極高的熱情，並且在行動上展現積極性，願意隨時採取主動的姿態，去成就或幫助具備更大格局的可能性。他們具備敏銳的直覺，也就是所謂的靈感，能夠看到事件背後更大的可能性，也就是所謂的眞相。他們的存在往往是在人群當中帶來指引的方向，甚至成爲一種能量提升的中心，同時他們能夠跳脫人類的視角，以天地的概念來看待關於生命的這件事。

未來世界的超級新人類，是一種活在自然、活得自然的人。他們可以靈活的切換自己在社會上的角色扮演及立場，以共生共好爲生活準則，和平和諧爲生命的態度。自然、有爲地傳承生命智慧，也就是好好的活著、健康的活著、善良的活著。這樣的人通常熱情並且嚮往生命目標，這樣的人是使命必達勇往直前，這樣的人樂於服務，並且關照周圍的人，從同情到同理心的幫忙，到願意放下自己的身段，幫助別人眞正的所需，成爲那道慈悲的光，閃耀他人的生命，這樣的人以成爲他人的燈塔爲榮耀！

未來世界的超級新人類，具有獨特的精神人格魅力，懂得與自然合一的新洞見，在思想呈現上展現光的能力，勇於追求愛並且給予愛，善用自己的天賦利益衆人，創造自然的和諧與社會的延續，沒有自我的束縛與框架，有靈感、有創新、有熱情。

要成爲未來世界的超級新人類，就必須要喚醒靈魂並且打開光體，向內探索與靈魂重聚，在持續的靈性成長過程中，整合不同時空的自己，找到人生的方向，並且在新文明開創之際，走上人生重啟的全新體驗，活出一種由靈性引領的生活模式，以符合地球意識的極致簡單的生命態度，活出和諧共生、返璞歸眞的生命特質。

未來的世界是靈性引領的世界！所有人類都將進入到更高維的生活狀態，其中，靈魂的學習成長、人生課題的超越、完成階段性的任務、進而走上使命藍圖，都會在人類社會的型態中一一呈現。

以下篇幅將與大家分享我的新人類養成記，我如何與新人類相遇，如何與靈魂重聚、與靈魂和解，並且開啟神性的蛻變之旅。感謝我的靈性導師汪筱玲女士一路上的教導，感謝新人類神隊友們一起學習、一起成長、一起創造，更要感謝神性的我、靈性的我以及此刻生活在地球上的我，那些新人類教會我的事，幫助我脫掉舊人類的外衣，成爲眞正的新人類！

生命會引領我走上新的方向

所謂的心靈成長，就是讓我擁有一顆懂得感動與感恩的心。學習用歡笑看待自己的人生，學習用祝福看待別人的過程。

這，就是「新人類」教會我的事！

如果你也跟我一樣，坐擁金字塔頂端的光環，或許我的生命故事會為你帶來一些不同的啟發……

一直以來我是一個非常情緒化的人，這樣的性格讓我在職場的發展過程中，經歷了很多的情緒起伏，曾經的我也是會一直抓著同事叨念老闆是非的負面者，如同上癮症一般無法自拔，看似順利的成長軌跡，一直往社會認定的精英藍圖上發展，坐擁北一女中、台灣大學的光環，留美MBA企管碩士，世界五百強企業的管理培訓生，年年都獲得晉升的佳績，更是老板心目中要重點栽培的HIPO（High Potential Employee），然而在踏入而立之年，卻遇到了人生的第一個「大哉問」，我開始思考這麼多年的努力，究竟在追求什麼？三十歲、四十歲、五十歲，難道我的人生只是一條線性的發展軌跡，除此之外還有什麼呢？

腦袋一片空白，巨人的恐懼迎面襲來，從來沒有人教導我如何去思考，活著要幹嘛！這是我要的人生嗎？恐懼爲我打開了一扇通往內心世界的大門，映入眼簾的是一個我從來不認爲自己會去接觸的「心靈世界」。

因爲長期的工作壓力，面臨了極大的情緒與精神內耗，生活中充斥著各種不滿，對上司的不滿、對管理層的不滿、對同事的不滿，恨不得把辭職信直接扔在老闆桌上，然後揚長而去！各種擺不平的憤怒，加上身體的反撲，疼痛疾病朝我席捲而來。在我尋求轉換工作來爲自己解套的過程中，我發現了一個事實：**所有我惱怒的一切，竟是我內心最抗拒去面對的事**。我開始思考，換工作的念頭是不是我逃避面對的藉口？離開這間公司，我所抗拒的問題就不會再發生了嗎？由此延伸了一個更大的問號，我的生命究竟要駛向何方？

青少年的我專注在學業上，台灣頂尖的高中和最高學府的光環，留美MBA的學歷加持，伴隨我一路前進中國上海，在世界五百強企業中一路被培養，海外留學和工作的經驗，怎麼看我都是所謂金字塔頂端的天之驕子，可是這樣的人生，三十歲以後呢？四十歲以後呢？難道我的生命就只能在同樣的軌跡上不斷輪迴？這個巨大的問號當頭棒喝，我發現我的生命需要一個出口！就在這個時候，宇宙聽見了我的聲音，朋友突然來邀請我參加一個心靈讀書會，原本有社交恐懼的我，竟爽快地答應了，因爲我知道此刻的我需要新的人際互動，來幫助我從「工作至上」的生活狀態中解放出來、喘口氣！

就這樣，我踏上了一條神奇又不平凡的靈性探索之旅。我的啟蒙書是張德芬老師的《遇見未知的自己》，這本書帶領我學會檢視自己，讓我看見了行爲模式中不自覺的制約，看見了我成長過程中的點滴，是如何影響我的價值觀以及行爲模式。在我慢慢懂得認識自己的同時，上天爲我安排了一次震撼教育——馬來西亞的《鼓動生命原動力》課程。那趟旅程帶給我一次從內而外的洗滌，顚覆我的價値觀以及我對世界的認知。我突然發現，過往的我活得多麼藐小，一個有意義的生命，可以爲這個世界創造更多的價值！

如果「修行」可以讓自己成爲一個更棒的人，一個更有影響力的人，一個可以爲地球、爲社會付出一己之力的人，那我們何不呢？

我很喜歡這個概念，既不宗教也不迷信，是眞眞實實我可以接受而且去實踐的。因此，我歡喜地帶著一股重生的力量，重返我的工作崗位，我把所有的收穫與同事分享，他們感受到我的雀躍，但我始終無法引動他們的回應。因此我告訴自己，我要把我相信的持續地實踐在生活中，我要把我的改變延續下去，成爲眞正的改變！我堅持每天回顧生活的一切過程，用「零極限－對不起、請原諒我、謝謝你、我愛你」去改善我與同事的關係，持續地讓內在神性來幫助我，在每一天的生活中。這樣過了大半年，我的生命軌跡轉彎了，一個全新的工作機會來到眼前，而我只是單純的選擇接受，回應著曹啟泰先生曾經說過的一句話「當生命轉彎時，我跟著轉，所以我活得一點也不辛苦」。一年前的我還看不懂這句話，還試圖用個人的努力去扭轉生命的軌跡，而此時的我明白了，當我準備好了，生命自然會引領我走上全新的方向！就這樣，告別了栽培我的第一間跨國企業，充滿感恩的，在同事的祝福聲中，踏上了下一個旅程。

這些看似神奇的過程，在接下來的五個年頭裡，以一種飛快的速度持續變化著，一次又一次把我推向瓶頸，一次又一次讓我煎熬，卻也一次又一次地，因爲我的願意、我選擇改變、我選擇相信神，奇蹟在我的生命裡不斷展現。我看見人性的煎熬，我看見自己的善變，我也同時看見了神的愛無所不在。當我明白生命的意義，是爲了一份至高的愛而去服務時，我問了自己一個問題：「如果你相信神，你是否願意把接下來的人生，全然的交付於祂？」幾秒的思考過程，我選擇我願意……

就這樣，二〇一四年四月二十日新人類成長學院誕生了，一切的榮耀歸於親愛的天父與親愛的天母，是您們讓我有勇氣做出一個不平凡的決定。今日的我，依舊在探尋，不再是探尋我是誰，也不再是探尋神的愛究竟何在，我在探尋的是我的無限潛能，只為一個目的，為世界而服務；只為一個理由，將愛與光灑遍這個美麗的星球。

十多年的靈性探索，幫助我學會了：看見自己、看見天地、看見眾生。感謝一路上相伴的貴人，我的老闆、我的同事、我的靈魂家人，我的靈性導師、我的靈魂以及我的神！此生最大的榮耀，是成為一個有用的人、一個有能力付出的人、一個內心有愛的人。這份感動，這份感恩，就是新人類教會我的事！

卸下了世俗的光環，放棄了百萬年薪，放下了曾經的學經歷，走在自我實現的創造之旅，我到底經歷了什麼、獲得了什麼？一路上後知後覺，不明白很多事，但是就這樣堅持走過來了，每一次發現一個關於自己靈魂的真相，都讓我吃驚的「哇！原來如此」，若非有恩師筱玲姐的帶領，神隊友們的支持與陪伴，自己一個人是不可能堅持下

2012年6月時空淨化之旅四川香格里拉

來。有一天，我告訴自己，沒有任何事比靈魂的事更重要，沒有任何事比眾生的事更重要，幾度泣不成聲都是被自己的靈魂所感動，不知從何開始生生世世守護這顆美麗星球的堅毅，每每讓我潸然淚下。我們在做的是下一代、下下一代、甚至是好幾代以後才能看得懂的事，你還願意繼續去堅持嗎？

We are the world. We are the children. We are the ones who make a brighter day, so let's start giving……是的，如同《四海一家》這首歌曲所說，四海皆一家，我們都是神的子民，創造美好的未來要靠我們，一直以來就是這樣，就是這樣，是人類把事情想得複雜了。

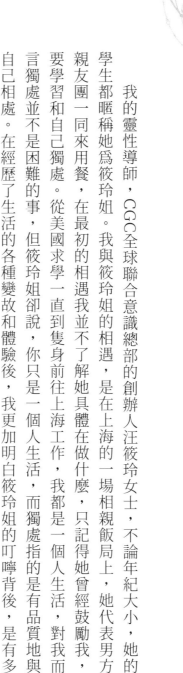

回家，是每個人的夢想

我的靈性導師，CGC全球聯合意識總部的創辦人汪筱玲女士，不論年紀大小，她的學生都暱稱她爲筱玲姐。我與筱玲姐的相遇，是在上海的一場相親飯局上，她代表男方親友團一同來用餐，在最初的相遇我並不了解她具體在做什麼，只記得她曾經鼓勵我，要學習和自己獨處。從美國求學一直到隻身前往上海工作，我都是一個人生活，對我而言獨處並不是困難的事，但筱玲姐卻說，你只是一個人生活，而獨處指的是有品質地與自己相處。在經歷了生活的各種變故和體驗後，我更加明白筱玲姐的叮嚀背後，是有多麼大的人生智慧要我去體驗！

新人類的宗旨是：提倡新人類新思維的宇宙觀，以愛爲出發點，化關懷爲行動力，共創新天新地和諧共生的新社會。

二〇〇九年十月筱玲姐開始帶領「鼓動生命原動力」課程（以下簡稱：鼓動），並正式喊出「新人類」的口號，從二〇〇九年到二〇一四年這段期間，海峽兩岸以及美國共有超過八百人次的學員在鼓動課程的洗禮中，重新把愛找回來並決心把愛傳出去，於是新人類團隊陸續在海峽兩岸多個城市，包括台北、台中、高雄、上海、南京等地，成立新人類聚會點，並在二〇一二年起陸續成立上海養心殿茶館、台灣新人類把愛傳出去協會、新人類成長學院以及新人類養心基地，透過各式課程、旅程、社會公益及活動等，持續實踐「把愛找回來、把愛傳出去」的核心精神。

喚醒靈魂、陪伴靈魂成長，協助靈魂走上生命藍圖的價值創造，筱玲姐從二〇〇九年起，便多次帶著靈魂去遊學、帶著靈魂去執行天地任務，包括：時空淨化之旅一（二〇一〇至二〇一二）、時空淨化之旅二（二〇一三至二〇一四）、天山定錨（二〇一四）、深度人文淨化之旅（二〇一四至二〇一八）、雪士達火山行動計畫（二〇一六）、太陽之子南美行（二〇一八），以及一系列的台灣任務：花蓮祭壇任務（二〇一九）、阿莉克計劃（二〇一九）、北極星任務（二〇二〇）、護地球揚升之法任務（二〇二〇）、地心光合行動（二〇二一）、東方龍之心（二〇二二）、JERYK任務（二〇二三）、火神大作戰（二〇二三）……等，一路上所有有形與無形的付出與奉獻，都基於不變的核心使命：護宇宙眞理之法、護地球揚升之法、護人類淨化之法。

從二〇〇九年我參與鼓動課程開始，我就一直跟隨在筱玲姐身邊，我是鼓動第一班的學員，這是我生命中第一個靈性課程，帶給我有如重生般的震撼教育。在鼓動課程後，我便開啟了邊工作、邊實踐新人類理念的生活模式，同時在二〇一〇年與上海家人們共同集資成立了第一個靈魂的休憩站《養心小窩》，幫助在生活和工作上疲倦不堪的靈魂家人們，回到這裡重新校準愛的頻道，充電後再出發。跨越不同時代的靈魂家人齊聚一堂，有事業成功的大哥大姐分享生命的智慧、有全職媽媽無條件的付出、更有充滿創意與執行力的年輕世代，我們嘗試了各種活動來凝聚各界愛的集體意識，春遊秋遊、節日派對、新春團拜、公益活動、週年慶等，短短三年間我們便在上海聚合了一股愛的力量，很多朋友在養心小窩得到了愛的滋養，在課程中重新找到生命的方向，大家都希望能夠運用社會的力量來普

上海養心殿茶館雙螺旋能量中心

2012年9月9日《心手相連愛地球》於台北貢寮

及靈性的生活，於是第一個新人類的能量磁場基地《養心殿茶館》于二〇一二年六月在上海開幕了！

這段期間筱玲姐帶領著海峽兩岸的新人類團隊，推廣各式的課程旅程：深度人文淨化之旅、雲端數字學、頌缽療癒、虹膜檢測、觀音辟穀、蔬果斷食、曼陀羅繪畫、靜心抄經、親子弟子規、新人類讀書會……等，每一位課程帶領人都透由服務的過程去實踐「把愛找回來，把愛傳出去」的生命價值，在付出中學習，在靈性的成長中，不僅幫助了自己，更幫助許多人重新認識自己、認識生命，才能更有力量地去創造自己獨特的生命體驗。

台灣的新人類團隊也在二〇一二年成立了新人類把愛傳出去協會，陸續完成了大大小

2016年12月25日落成的能量中心一號龍柱

小的社會公益：心手相連愛地球、新世界愛無限、讓愛動起來音樂會、愛在童畫中飛翔、萬盞心燈亮台灣、行善奉獻送愛到偏鄉……，新人類團隊紮紮實實地用生命的實踐帶領每一個參與的家人去體悟**「愛地球、敬天地、爲全人類奉獻」**的生命眞諦。

時間進展到了二〇一五年，在神意的帶領下新人類團隊終於找到了坐落在南台灣大武聖山下的這片淨土，這裡是排灣族耆老口中「大地上的珍珠」、是神的應許之地、是代表未來世界的新天新地，是靈魂的家、是我們實踐大同世界的示範基地。匯聚海峽兩岸及世界各地的支持，團隊開始投入新人類基地的建造（二〇一九年升級爲CGC全球聯合意識總部），並在土地上建構起捍衛磁軸的一股能量中心一號龍柱（二〇二四年升級爲一號星際站）。

遵循著排灣族古禮，邀請排灣族的巫師代表對土地獻上祈福與感恩的祭供品，二〇一六年十月正式昭告天地，一號龍柱開始動土建設，誠心祈願天地四方共同護持成就，歷經短短六十天的時間，運用超過三千五百根竹子、鐵料、木材，完美安裝超過二百公斤的「梅塔特隆」底座，二〇一六年十二月二十五日一號龍柱正式完工了。

代表著通往未來世界的星際通道，一號龍柱以動態太極的概念建造，穿過長長的廊道走進一號龍柱平台，每一個步伐都彷彿穿梭時空，穿越不同次元，並通往屬於我們各自的未來世界。站在一號龍柱平台，眺望基地園區及遠方的大武聖山，灑落的陽光，立體環繞的蟲鳴鳥叫，四面吹來的涼爽微風，呼吸之間安靜下來的平靜心靈，從此，這塊土地陪伴千百位走進園區的朋友們，親自體驗生命的和諧美好，感受未來世界的心跳。

萬事起頭難，在一切還不夠具足的時空下，筱玲姐與團隊胼手胝足開始打造這塊荒煙蔓草的土地，啟動「綠能撲滿」專案，廣邀社會大衆用行動的付出投入在植樹造林愛地球的行列，同時陸續完善基地園區內各項建設，包括代表「萬靈之門」的園區大門、代表地球藥輪的鳳凰木平台、花仙子木屋、梵音海潮音噴泉、全球聯合意識總部觀星台、星際博物館、印加咖啡屋……等，在創辦人身上，我們看見了她以身作則的態度，親力親爲的帶領，以及堅定不移的使命感，讓大家在這幾年間見證了土地蛻變的神奇變化。

每一位來到CGC的靈魂，當他們站在一號龍柱梅塔特隆銅板上，高舉著手，堅定地向天地宣告，我會全力以赴執行我的夢想計劃，把愛傳出去，那個全新的、充滿力量的自己，堅定不移地成爲那道光，全力以赴地爲生命去創造！

新天新地的未來，有你，有我……還有來自世界不同角落的我們，CGC全球聯合意識總部是一個以公益爲發心、以永續發展爲方向的社會型組織，我們提倡具備「教育性、體驗性、啟發性」的終身學習，帶動人心淨化、環境再造、意識統合，愛地球、敬天地、爲全人類奉獻是我們的理念，推廣在靈性的學習成長下，幫助每個人活出優質的生活。走向未來的新天新地，需要每一位靈魂家人們共同創造，我們每個人都有能力幫助自己、療癒自己，通過提高我們的個人意識，在愛、付出、奉獻的實踐下，幫助我們的地球母親，幫助地球生活圈，爲我們人類集體的未來，共同創造新天新地和諧永續的新地球！

2014
新人類成長學院
方位的心靈成長家園，
過豐富多元的課程、
程與活動，在海峽兩
開展全人教育的素質
訓，啟發"從心出發"
生活態度，將和諧共
的理念落實在生活中。
2017
新人類
養心基地
• 未來生活示範基地
• 蒼穹下的生活教室
• 養生聖地靜修中心
2019
全面轉型
CGC
人類意識的提升是進入未來
世界的關鍵！CGC藉由五大
文化（原住民、山林、海洋
信仰、環保）的推廣，透由
《啟蒙、探索、創造》的過
程，讓每一個願意改變自己
的人，能夠實實在在的紮根，
落實在愛地球、敬天地、為
全人類奉獻的使命道途上。
2023
Holy
Gamma
靈魂遊學正式開跑！
七個聖光點接力閃耀
屏東、台東、蘭嶼、
花蓮、南投、嘉義、
澎湖！
陪伴大家持續前進

靈性覺醒的道路上

2009
汪筱玲女士
創辦新人類

2009年發起，透過各式社會公益、人文旅遊、心靈課程、社區服務等形式的活動，陸續集結海內外各界的社會愛心人士，進而逐步建構而成的團隊

2013
新人類
把愛傳出去協會

成立於台北，透過在全台各地舉辦的大型公益、小型關懷、書信志工、長期陪伴，帶領著會員及志工，透過服務與奉獻的途徑，引動每個人心中愛的意識，勇敢實踐付出的行動。

2010
鼓動生命原動力

提倡新人類新思維的宇宙觀以"愛"為出發點，化"關懷"為行動力，帶領超過700人次學員，透過健康的改變、信念的改變、以及情緒和行為的改變，達到身心靈的協調與平衡，讓每一個人具備活在當下的能力，散發出由內而外愛的力量。

新人類的故事從這裡開始

聖戰，是為眞理而戰，是人類追求自我突破的呈現；揚升，是去蕪存菁的過程，拋棄過往的沉重負擔，才能通往新天新地！

東方母性能量的代表，慈悲與智慧的化身，南無觀世音菩薩，祂誓願六道輪迴救渡眾生，然而當菩薩從六道中重返人間時，卻發現人類的苦難不曾減少，於是祂開始質疑自己是否眞的做得到，人間的苦難眞的得以被救渡嗎？如恆河沙數般的貪嗔癡，如須彌山高的輪迴苦，眾生眞的得以被救渡嗎？還要繼續渡下去嗎？

無助、彷徨、沮喪、自責、失去希望，觀世音菩薩的靈體開始崩裂，在即將魂飛魄散之際，菩薩卻仍舊發心祈求，如果可以、如果再次選擇，我還是願意再來一次……此刻，萬丈金光遍灑三千大千世界，觀世音菩薩的上師出現了，阿彌陀佛來到了觀世音菩薩面前，捧起了菩薩崩裂的靈體並對祂說：

去吧，去吧，我將賦予你千隻手千隻眼，以千手遍護眾生，以千眼遍觀世間一切事物，渡一切眾生，廣大圓滿，沒有障礙！

於是，觀世音菩薩崩裂的靈體被上無上金光，一層一層得以修復，菩薩的身軀幻化出千手千眼，阿彌陀佛坐於頂上，以千手千眼的力量繼續引領眾生，同登彼岸。「利益眾人，廣大圓滿」，千萬年也做不完的弘願，化身到二十一世紀，新人類的捍衛戰士應運而生，只爲了一個約定，美麗新世界是我們約定好的未來，更是每個靈魂降生來到地球最核心的使命！

新人類團隊在汪筱玲老師的帶領下，正式開展「爲天地立心、爲生民立命、爲往聖繼絕學、爲萬世開太平」的創世聖戰。

請思考一下，你是這樣的人嗎？

一、我相信自己降生來到地球，是帶有使命與任務的。

二、對於永續地球的議題，我有一種與生俱來的認同感，甚至可說是使命感。

三、我相信，從改變自己開始，可以讓這個世界變得更美好。

四、我是一個對生活充滿熱情，經常主動分享、主動付出、主動關懷的人。

五、即使遇到不如意的事，我也選擇相信人性本善，並在挫折中收穫到禮物。

六、我敬拜天地，相信造物主、相信神、相信高度智慧的存在。

七、我相信有外星人。

八、生命是一條探索與體驗的旅程，我渴望知道我是誰，渴望活出眞實的自己。

以上八個選項，是你曾經思考過的、正在思考的、還是你已經找到答案了？在你的生命中，是不是曾經有一位甚至是好幾位關鍵的引路人，我稱他們爲貴人或是天使，因爲他們的出現、他們的分享、他們的熱情，讓你有機會走上認識生命的學習道路，與靈魂重聚，并且開始改變命運。這樣的貴人，一定都具備了新人類的靈魂特質，與生俱來就有能力成爲別人生命中的貴人，他願意單純地和別人分享，分享自己曾經經歷過的、分享自己所相信的、分享自己所擅長的，這些新人類的靈魂，都是由靈魂的意志決定，要從高密度的宇宙降低維度投身來到地球，祂們來到地球的目的，就是要來參與這一次地球計畫的意識提升。

在靈性成長的學習路上，大家最好奇的提問就是：我的使命是什麼？我現在應該做什麼？每個人生階段的不同際遇，包括了你的成長改變以及你的任務執行，所有經歷綜合而成的統稱爲「使命」，基本上涵蓋爲三大領域：

護宇宙眞理之法、護地球揚升之法、護人類淨化之法

來過新人類（現在的CGC）參與靈性課程的學員，也經常會詢問，你們和坊間的課程有什麼不同？——總結一句話：新人類／CGC是一個使命的平台，喚醒靈魂，陪伴靈魂成長，協助靈魂走上生命藍圖的價值創造，並有機會參與執行天地任務，這些都與靈魂的使命有關。而其他的靈性團體，有些側重在喚醒、有些側重在療癒、有些側重在個人的修行，各有其爲靈魂服務的功能與意義。而新人類／CGC平台的創建，就是要匯聚熱情有愛的新人類們，透過活動參與、課程執行、靈魂遊學、社會公益……等等的過程，能夠有機會投入參與、付出奉獻，在過程中不僅收穫到志同道合的夥伴，做到了靈魂應該做的事，還有機會成就彼此，共好、共榮、共創，才是符合未來世界的振動頻率。

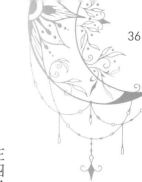

走出去，你才懂

在四級摧天地滅的上古時期，女媧將自己的能量有目的地散播在世界各地，成爲穩定天柱地軸的能量通道，每一片靈魂能量都是守護地球的網格線，牽引著宇宙中央刻度，同時牽引著地心刻度，讓在天崩地裂的同時，星際能量依舊可以穩穩地支援地球，幫助地球的運轉不至於面臨離心力的分裂。

我們的靈魂，選擇在這個生正逢時的時刻降生地球，就是爲了重新憶起我是誰，透由持續的靈性學習與超越自我，重新整合我們散落在世界各地的靈魂碎片，成爲完整的自己！

二〇一四年九月十九日我與普陀山結下了永生難忘的不解之緣，數千個日子裡，太多的感動、太多的奇跡、太多的生命啟發。

那是一個風和日麗的日子，我站在普陀山的十里金沙遠眺白華山巒，看見了層層疊疊的星際艦隊停靠在山嶺之巔，不斷傳送給我支持的訊息，他們告訴我：這是一個蛻變的時代，所有的團隊已經就定位，等待一聲令下全力以赴，手指天地、腳立於心，轉動手中的太陽輪，將戰艦引航至神聖的彼岸吧！

聲聲唱誦觀世音，苦海常做渡人舟，去吧去吧，我親愛的孩子，請將自己視爲我的化身，行走在人間，聞聲救苦，大慈大悲，世世常行菩薩道，同登彼岸的法船已啟航，靈兒的歸途需要你在前方指引，莫忘初心，同登彼岸，去吧去吧Gate Gate Paragate去將所有迷航的孩子帶往回家的歸途。

普陀山是一個非常神奇的國度，不僅是東方聖母觀音菩薩的修行道場，也是眾多靈魂曾經的家，這裡有我們無法用邏輯與理性去分析與判斷，卻深刻烙印在細胞基因中的遠古記憶，那是一份對世界深切的愛、是一份對生命最崇高的承諾、是一趟你我一直在尋找的尋根之旅！

親愛的，請憶起你神聖偉大的過往，你的未來都已存儲在過往的印記當中，你只需要重新將其打開，重新啟動，然後成爲你自己！

我們對生命的理解，總是自私淺薄的，自以爲是的認知障礙了我們去成就偉大的自己，勇敢去承認我不知道，才是開啟探索的唯一鑰匙，打開那扇門，走入一個全新未曾接觸過的，卻是眞實無比的「心」的世界，那裡有眞實的感動，有親切的連結，有我們渴望已久卻不知如何表達的，對生命的渴望。

不要被眼前的世界障礙了我們內心最眞實的召喚，靈魂始終記得，我們爲何來到這裡，我們要共同完成的是一份神聖且艱巨的任務，要將來自太陽的生命力再次根植於大地之上，讓萬物生發、讓世界順流運轉、讓靈魂憶起曾經的過往、讓星際文明根植在地球。請用心去感受去聆聽，每一個心跳、每一個呼吸、每一個觸動你內心深處的感動，那就是靈魂的召喚！

這個時代有太多値得我們去思考的生命議題，我究竟要成爲什麼樣的人？我要過上什麼樣的生活？現在的我可以爲自己做出哪些改變？很多時候我們都活在別人所定義的價値世界中，我們未曾去挑戰過，爲何世界的規則是這樣在運作，我們未曾用心去思考，到底是什麼驅動著我成爲今日的自己。

價値、信念、心態、意識、行爲，這些驅動著我生命能的元素，究竟是從何而來？他們是眞實的我嗎？很多時候我們都活在自我的矛盾當中，但是劃破這個矛盾所要面臨的，可能是我們生命不可承受之沉重，所以我們選擇逃避、選擇不面對、選擇隨大流、繼續普世化的思想、選擇成爲一個僞善的生命體。

我不知道要如何讓你明白，但是我要告訴你的是，你比你自己所知的還要偉大，你比你自己認爲的還要豐盛，你比你自己理解的還要精彩！請重新定義你自己，不是用世俗的眼光，而是開啟你的靈性之光，讓光來告訴你～你有多麼美。親愛的，我想告訴你這個世界從來就不是你所想象的複雜，萬物皆有其運行的道理，你要學會穿透表象的智慧，用心是唯一法門……

你相信有靈魂嗎？你經歷過觸及靈魂深處的感動嗎？與靈魂重聚、與靈魂和解、並開啟內在神性的連結，是成爲新人類的必經之路，如同朝聖之旅般，一層層地打開你的靈魂資料夾，認識不同時空的自己，有教科書中的你、有遠古地球時期的你、有星際版本的你，「回家」就是整合不同時空的自己，重新回到源頭的過程。

每一個靈魂降生來到地球，都帶著自己所編寫的生命藍圖要來經歷並體驗這一次降生的獨特生命經歷，認識生命就是一門幫助我們認識靈魂的學科。爲什麼我會降生在這個原生家庭，成爲我的角色扮演，具備某些人格特質，擁有獨特的生命經歷，這些都與我們的靈魂要來經歷並完成的生命體驗息息相關，如同近幾年火紅的仙俠劇中所說的，我們都是神仙下凡來歷劫的。

如果把生命的經歷，看作是一幕又一幕的劇本，每一個出現在生命中的人物與場景，都是靈魂降生前就編寫好的劇本，而靈魂則是一顆來自宇宙高維的意識頻率，降低了自己的維度，投入在「地球人」這個角色扮演中，來完成自己設定好要經歷的地球學分，同時也要來履行自己承諾的靈魂使命，涵蓋爲三大領域，就是護宇宙眞理之法、護地球揚升之法、護人類淨化之法。

靈性的學習幫助我們打開一個又一個靈魂資料夾，讓我們更加認識自己，認識不同維度的自己，看見慣性的自己、覺察靈性的自己、更要連結神性的自己，用不同的視角重新定義生命，才有能力轉換心態面對生活，透由不斷的實踐，保持覺知的生活狀態，慢下來，才能看見自己，靜下來，才能看見不一樣的世界。

生命蛻變的過程從來不會是輕鬆的，但是請不要輕易的放棄你所相信的一切，那些尚未顯化的美好，都在我們看得到的未來，已經爲我們安排好祂最佳的面貌，展現在我們的生命當中！我們所擁有的，那份無私的對地球母親的愛，那份願意付出的心，還有更重要的是那份起而行的勇氣，在未來的世界裡，都已經獲得了無數的掌聲與歡呼，我們的靈魂家族在等待我們登高一呼的那一刻，他們堅定的相信，並企盼在不久的將來，我們必定會重新團聚，去創造屬於全人類的美麗新世界！

是時候與靈魂家族重新聚合，去尋找與你有著相同印記的靈魂家族，當你們看見彼此的光，必定會憶起曾經的過往，你們曾經並肩作戰捍衛天地，在不同的時空里，你們都是地球的守衛者，只要你願意，靈魂將帶領你走向嶄新的未來；但是你必須要更加勇敢，決心放掉那些不再服務于我們、留存在過去的情緒能量，允許全新的宇宙意識流經我們的生命，帶著我們走向內心企盼的未來。

地球母親，是一位偉大的承載者，她以獨特的方式存在於浩瀚宇宙中；太陽，用其溫暖又慈悲的能量，源源不絕地供應著地球，幫助地球上的萬有經歷生生不息的演化。人類正在重建一個全新的生命系統，包括我們的能量、思想、意識、價値觀、生活方式，未來世界的新人類，都要回歸到和諧、尊重與包容的頻率意識中，才是符合新地球的生命狀態。

未來的世界需要有更多清透的靈魂成爲管道，來自宇宙恩典的能量將會自然地流經我們，我們只需要保持放鬆的狀態，就能從宇宙當中截取所需的訊息，我們的身體需要非常的通暢與輕盈，思想要非常的單純，生活更要絕對的活在當下。

不要害怕去經歷改變的過程，靈魂將帶領你走向眞正的自由，他必須要藉助外在的困境，讓我們去意識到最惡劣的狀態，才能激發我們改變的決心，建立新的生命價值觀，成爲全新的人。宇宙正在幫助每一個靈魂走上重構，接下來還得靠我們自己與靈魂重聚、與靈魂合一，讓蛻變的過程更加順利完成。

帶著靈魂去遊學

新人類／CGC的創辦人汪筱玲老師從二〇〇九年開始帶領新人類團隊，足跡踏遍中國大陸的西藏、香格里拉、絲路到新疆天山、佛教名山普陀山、峨眉山、五臺山、以及道教名山青城山；海外行程則曾經去到了馬來西亞、不丹、尼泊爾、甚至橫跨太平洋去到了美洲大陸的美國雪士達山、南美洲的祕魯、玻利維亞、馬丘比丘、的的喀喀湖……等地。

「能量、靈魂、使命」是CGC的教育核心，每一個靈魂降生來到地球，都有一個共同的使命，就是要來參與這一次地球的揚升，這些我們走訪的時空坐標點，都是老天爺精心規劃的路線，爲了要幫助靈魂回憶起曾經的過往，尋找靈魂的足跡，更重要的是在吃喝玩樂的旅行中，重新認識自己，重新定義生命的意義，趕快回憶起你來到地球的目的，全力以赴的參與這一次神聖的生命的創造。

生活的目的，在增進人類全體之生活；生命的意義，在創造宇宙繼起之生命。

全世界有非常多的「靈魂降生點」，這些是靈魂來到地球的降落點，有些靈魂來自星際、有些靈魂來自佛國、有些來自天使國度，不論從何而來，在這顆美麗的行星上，靈魂在不同時期都曾經留下過他的足跡。帶著靈魂去遊學，就是一趟靈魂的尋根之旅，透過帶團講師的引導，在遊學行程中，我們不僅幫助土地重啟愛的記憶，神聖的靈魂還會自動化地去完成屬於各星球要完成的新舊時空的資訊交換，而當我們全心參與的過程，你還有可能獲知屬於你的靈魂故事，甚至有些家人在旅途後還因此開啟了獨特的天賦潛能！

CGC的講師之一娜娜，她的天賦潛能「靈魂繪畫」就是在二〇一一年參與了時空淨化之旅後被開啟，後續還衍生了一系列的曼陀羅繪畫，因爲她全然無私的服務意願，上天在幫助她開啟潛能的過程中，更透過她去幫助許多與她相遇的靈魂，重新找回生命的意義，療癒自己並找回愛的能力。

二〇一四年新人類團隊開始執行「帶著靈魂去遊學」，當時我被授權帶領的遊學路線是觀世音菩薩的道場，位於中國浙江的普陀山。從二〇一四年一直到新冠疫情爆發，我帶領過三十三團、數百位家人去遊學，每一次看見靈魂回到曾經的時空點，短短三天的時光，就能看到一個人由內而外的蛻變，那是一種與靈魂重聚後的新生喜悅，是靈魂再次憶起自己，重新錨定生命的方向，並從每一個細胞散發出來的決心。陪伴靈魂成長並協助靈魂走上生命藍圖的價值創造，眞的是一件很有意義的事。

二〇一九年在執行完花蓮祭壇任務後，我也被賦予了撰寫新人類故事的潛能，「CGC發言人」的人間角色也因此產生，隨著口語分享能力不斷地被開啟，慢慢演變爲更多元的分享觸角，包括：影片剪輯、文字撰寫、人物訪談等更活潑且與時俱進的方式，來說靈魂的故事，讓靈魂的訊息跨越時空被更廣泛地傳播與分享。當我們與靈魂合一，並開始履行階段性靈魂來到地球所要執行的任務時，就有機會被開啟天賦潛能，目的都是爲了要幫助我們去做靈魂該做的事，同時去爲世界服務與創造。

在我的第一趟靈性之旅，馬來西亞的《鼓動生命原動力》課程中，當時與我同行的，有幾位是在靈性教導上，已經是導師級的大哥大姐，我問了前輩們一個問題：「人爲什麼要修行？」在我的認知當中，修行是出家人做的事，人爲什麼要修行？我的提問得到了一個顚覆我認知的答案：**修行，就是修正自己的行爲，讓你成爲一個更好，更有能力去付出的人！**這個答案一下子打中了我，我的資優生大腦總在尋求好還要更好的認同感，最高學府的人生角色設定，是一路上指引我努力發光的動力來源，然而進入社會後我才發現，很多事情不是我夠努力了，就會有我想要的成果，往往內在過不去、也饒不過自己的，就是這個關卡，總想用一己之力去改變別人、甚至妄想改變世界。

我的靈性啟蒙書是張德芬老師的《遇見未知的自己》，當中有一句話是這麼說的：「親愛的，窗外沒有別人，只有你自己」，這句話開啟我向內探索的鑰匙，一扇門就此爲我打開，那是一扇通往與靈魂重聚的未知之門，生命探索就此開展。一路走來我曾經遇過各式各樣的人，他們會問我一個問題，請問你們究竟學習的是什麼派系？是印度的合一、是光的課程、還是禪宗的修行、還是你們也是神祕學院的一類……總結我自己這些年來的體悟，我認爲我所經歷的其實是一套**「新人類的養成教育」**，是一種落實在生活中的實踐，透過具備新思維的宇宙觀，把愛找回來把愛傳出去的行動力，去實踐我們內心對生命最崇高的期盼：新天新地和諧永續的新地球！

新人類的養成教育絕不是看了一本書或是聽了一堂課就能夠融會貫通，「體驗」是教育的核心，十幾年來我身體力行參與在各式各樣的課程、活動以及公益當中，去累積修正自己行爲的機會，在這些付出與學習過程中，其實我也經常掉入「自以爲是」的思維陷阱，而靈性成長的超越自我就是要來幫助我在不同的角色扮演中，保持一種覺察的狀態，看見自己的心態與念頭，這些念頭是從何而來，他們是正向積極的還是負面恐懼的，然後去找出念頭的來源，有些可能是細胞當中存儲的靈魂記憶，有些可能是這次的人生角色扮演中，因新的生命體驗所需而產生的印記，靈性學習的眞正目的就是來幫助我們深刻的向內尋找答案，並且還要學習實踐的方法，去爲自己做出改變命運的行動。

人類生活在地表之上，無時無刻都被所謂的地球心跳舒曼波所共振，一九五二年，德國科學家舒曼博士發現地球大氣層內，環繞著一種自然產生的頻率，他將此現象稱爲「舒曼共振」，他進一步研究指出，舒曼共振的頻率與人腦產生的α波幾乎是相同的，頻率是7.8赫茲，只要調整腦波爲7.8赫茲，人就能與舒曼波共振，就可吸收大自然的能量。有些人天生就具備接收舒曼波的能力，但部分的人則可以透過後天的練習：氣功、修道、靜心、冥想、祈禱……也能夠獲得舒曼波的頻率。舒曼波是存在於地球上的天然能源，取之不盡，只要我們保持與舒曼波和諧共振，就等於是在經常處於充電的狀態，精神自然飽滿、身體健康、情緒平和。科學研究也同樣指出，當衆人都處在一種靜心的和諧頻率當中，舒曼波也會產生反應，也就是驗證了人類集體的意念與行爲足以改變地球的磁場頻率！

然而二〇一四年以來，舒曼波從原先的7.8赫茲升高到了15-25赫茲之間，甚至還有提升到36赫茲的高峰，這可不是一件尋常的事情，這在告訴我們地球意識正處於一個轉換的階段，會有更高頻率的能量進入地球，不管是哪一個教派的教導，都在教導我們回到「愛、付出與奉獻」的頻率，通過保持對自身念頭的覺察，時時調整心態，還要搭配積極的行動付出，才能讓我們與地球母親保持和諧共生的狀態，這就是身心靈圈經常說的：我們要一同參與地球的揚升！

揚升，從改變自己開始；改變，則是一門持續向內探索的旅程。沒有實踐過的人生，就沒有修正的機會，做到被自己感動，你就是生命的贏家。未來的世界是靈性引領的世界，當你開始正視你的生命，開始去思考我還可以為這個世界做出什麼有意義的創造，你的靈魂就會開始推動著你、引領你走上屬於你們獨一無二的生命藍圖，一起去為美麗新世界服務與創造。

看見自己、看見天地、看見眾生

隨著地球暖化，地水火風的電磁場發生了極大的變化，紊亂的極端氣候逐漸威脅著全人類的生活，宇宙射線加速地球揚升的進程，地球網格已不堪負荷，全面更新與升級迫在眉睫，中央大日委派新人類團隊執行時空淨化之旅二：拉薩—不丹—尼泊爾。

從拉薩要離開聖地前往機場的路上，我看著窗外的景色，感受到靈魂的依依不捨，這裡曾經是她的家，一片美好的淨土，靈魂的降生地，此刻她要再次離開了，前往下一個時空，是多麼的依依不捨啊。

不丹的重頭戲，是要攀爬到建造在峭壁上的虎穴寺，在前往虎穴寺的前一晚，我們在下榻的飯店進行了晚課，一系列的能量調整後，我發現自己無法跟上大家的節奏，於是我舉起手求救了，對一個好面子的人來說，這眞是一個跨越。我對筱玲姐說，我覺得自己怪怪的，她看了我一眼便請同團家人幫我確認：「我的靈魂在哪裡」，結果是我的靈魂沒有與我在一起，而是在我身邊……我覺得很納悶現在是什麼情況？晚課結束後，筱玲姐交代我回房間後，要一直跟我的靈魂說話，像是跟小孩子說話一樣，要安撫她說：「我親愛的靈魂，我和你在一起哦，請不要害怕，跟我在一起，我就在這裡！」要不斷地重複這段話直到登上虎穴寺。

虎穴寺對我的靈魂而言，是一個非常關鍵的時空。登上虎穴寺的前半段，我們選擇騎馬上山，因緣際會我坐上了帶領大部隊前進的領頭馬，馬兒在爬山的過程是踩著懸崖邊上行進的，坐在馬背上的高度彷彿是我身高的兩倍高，左邊是懸崖右邊是峭壁，馬夫牽著馬兒緩步前行，喀蹬喀蹬地爬行了好長一段時間，我記得放眼望下懸崖時的恐懼，深怕馬兒一個踩空就摔下去了。膽顫心驚之餘，我想起了昨晚的練習，我開始對自己說：「我親愛的靈魂，請跟我在一起，我們不害怕，我們相信馬夫的帶領，我們相信馬兒會把我們平安帶到山上……」，就這樣不斷重複與內在對話，原本僵硬的肢體開始放鬆了，恐懼感慢慢消散，一邊走著一邊享受沿路的風景，一切變得輕鬆又自在。

後來，同行的一位長姐對我說：「Ellie你看你有多棒，你很勇敢地坐上了第一匹馬，帶領大部隊前行耶。」當時的我真不覺得這有什麼，畢竟是歪打正著坐上了領頭馬，然而經過十年后再回頭去看，**宇宙從不犯錯**，一切都是剛剛好的安排，冥冥中有定數，我所要做的一直都只是要我站在自己的位置上，堅定不移的、全然相信地，朝著目標的方向前行，團隊自然就跟上了。

似乎眞的是這樣，從二〇二〇年開始投入在新人類（現在的CGC）的各項活動，每一次設定一個小目標或者是階段性的一個大目標，我總能自己找到方法和節奏去完成，過程中雖然都有人性的拉扯，然而當我選擇「先做神的事，人的事才會成」的信念，總是會見證奇跡。宇宙以各種的小確幸來回應我，讓我深刻地相信並臣服于祂的力量，進而使用我成爲愛的管道，傳遞更多愛的頻率，隨著靈性不斷的成長與超越，眞正成爲一盞行動光柱，走到哪裡都在散播歡樂散播愛！

在不丹之行中，還有一段非常經典的靈魂和解，是我與母親的故事。又是某一天的晚課，我們要運用肢體的旋轉把堵塞的能量打通，轉著轉著我便不由自主地嚎啕大哭起來，筱玲姐說因爲原生家庭的教養方式，讓我有非常多的壓抑及無法如實表達，於是筱玲姐請我環顧大家的眼睛，去找出最像我母親的那位家人，同時再邀

2013年11月不丹虎穴寺

請一位家人來扮演我，而我則是扮演我的靈魂。

過了好幾年后，我有幸參與了海寧格的家族系統排列，才知道那天在不丹的操作手法，就是家族系統排列的原理，只是筱玲姐（神）出手確實挺震撼的！

當三位演員走到場地中間就位后，「我的母親」開始說話了，她質問我：「你做得到嗎？你眞的做得到嗎？你眞的會說到做到嗎？」，她的音量越說越大聲最後變成一陣吼罵，反復控訴我：「你做不到，你就是懶，你根本做不到……」

「我」則站在一旁看著我的母親對著我的靈魂怒吼，卻絲毫無能爲力，只能一直哭一直哭。

「我的靈魂」一開始面對連珠炮的指責尙不知如何回應，從起初的心慌、膽怯、害怕，到後面眞的動怒了，原本跪在母親跟前，突然到了一個臨界點，她筆直站起開始反擊，對我的母親回叱：「你不要再說了，我一定做得到，我一定做得到，我一定做得到……」

當下的我知道，那不是我在說話，是我的靈魂！因爲我從來不敢對母親大聲說話，更何況是喝斥反駁的口吻，我看見了一個非常陌生的，我從來不曾認識的另外一個自己。我才發現原來靈魂也有情緒、也會膽怯、也會憤怒，這是過往生命經歷中從未遇見過的自己！

時空淨化之旅的旅程很豐富故事也很多，只記得一句最核心的話，就是：**看見自己、看見天地、看見衆生。**

從二〇〇九年參與了《鼓動生命原動力》與靈魂重聚后，接下來的好幾年都是指導老師在教導我，經歷了數年的實踐與體驗，各種的見證與感動，所有來到我生命中的一切，都是爲了讓我能夠看見自己、看見天地、看見衆生。這趟旅程后，我也燃起了要將新人類的理念普及出去的心願，我看見自己的生命被改變，我發現我能夠在工作中更加游刃有餘，更勝任自己的角色扮演，我意識到原來我除了職場的角色扮演，我還可以成爲別人的一盞燈塔。於是不久後的二〇一四年四月新人類成長學院成立了，我離開了外商的職業賽道，全職投入到新人類的教育事業中，開啓生命另外一個階段不凡的體驗與經歷。

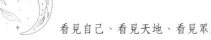

轉太極，指引靈魂回家的路

二〇一四年《深度人文淨化之旅》帶著靈魂去遊學正式起跑！依據靈魂淨化的層次及意願，以歷史人文、神聖淨土爲背景，全面啟動新人類的能量總値並開啟個人階段性的使命任務，在學習與實踐的過程中，不斷地完善小我，同時實現「新人類」所代表的集體意識，不僅僅個人有所悟有所得，更對天地有利、對社會有益。起跑深度人文淨化之旅的前置作業之一，是要前往中國絲路天山執行「天山定錨任務」，我們的行程設計是以倒走西遊的方向，從新疆烏魯木齊開始，途徑南山牧場、天山天池，再搭火車返回河西走廊的敦煌、嘉峪關，最後再飛回西安，行程進入尾聲總算是要大功告成了，卻在晚宴上西鳳酒的催促下，上演了一場抬棺的劇碼。

來到西安一定要品嘗西鳳酒，一路上舟車勞頓大家眞的都辛苦了，酒足飯飽后大夥也放鬆了不少，才抿了三小口的我，開始不勝酒力了，慣常的我都用靈氣Reiki爲自己排酒氣，今晚也不例外，以免飯桌上失禮了。誰知今夜我的靈魂很活躍啊，不停地打著手印，最後北極星代表葉董出馬了，給我隔空太極一掌，嘩啦啦一下子肚子裡的酒菜全部吐光光，一邊吐一邊哭，我是又要人靈分離了吧！

吐完哭完整個人變得傻乎乎的腦霧狀態，回到下榻的飯店，耳朵還朦朦朧朧的，聽不清楚自己說話的聲音。隔壁房的古姐打電話叫我過去一趟，我躺在她的床上，當古姐的手一搭在我的額頭上，我哭了幾聲后便沉沉的如昏死過去一般，身體動也不能動了。

我的意識非常清晰，聽到大家陸續走進房間，每個人看到我都在問：她怎麼了（潛台詞其實是：她像死掉了一樣），最後筱玲姐進來了，叫男生把床墊搬起來，跟大家說今晚要演一齣「抬棺」，點名了五個人負責五子哭墓，由於我只能用聽的，實在搞不清楚是哪五位大德做了這件事，床墊就定位、五子哭墓就定位，筱玲姐一聲令下便開始了驚人的鬼哭神嚎，我的媽呀！這是怎麼回事呀？

五個人哭著哭著還被筱玲姐嫌說方法太老舊了，換新的……換新的……還真的風格立馬轉化耶，躺在床上一動不動的我，整個哭笑不得。抬棺后便要開始招魂咯，每個人輪流來到我跟前，開始對我說家鄉話，靈魂的家鄉話，咕嚕咕嚕嘰嘰呱呱思斯思斯莫吉莫吉，由於家鄉話太新奇了，差點想要噗嗤笑出來，卻被現場的莊嚴搞得不敢越矩，每位靈魂家人說完后，我的靈魂似乎都能理解般，會點頭會回應會致上感謝，而我的理智腦卻什麼也聽不懂，還沒有搞清楚到底發生了什麼事！

驚天動地的一場演出後，某一個部分的「我」被召喚回來了，這是我自己刻意留在某一個時空的靈魂碎片，曾經的創傷、曾經的傷痛，在不同時空的心靈事件，經過因果運算后，上天開放在這趟任務行程中，幫助我拾回某一部分的自己。神把機會交到我的手中了，但我能否眞正領受到這份禮物，還得靠自己去走、去修正、去撰寫新的人生劇本。於是，二〇一四年四月二〇日「新人類成長學院」正式成立了，負責推動接下來五年間的深度人文淨化之旅帶著靈魂去遊學，並在海峽兩岸同步推動各式靈性課程與療程，全面展開新人類的濟世救人！

輕描淡寫的幾個段落，卻是刻入骨血的人生體驗，活在神性的自己，在每一次的服務中，都因爲靈魂的綻放而感動不已，但每次回到人間的合作，卻依舊看見自己的大我與小我不斷在抗爭。精神內耗不斷上演，自己與自己的戰爭，心力交瘁的同時，還會把跟其他人的因果攪在一起，甚至創造了不必要的新的因果。在接下來的數年間，我看明白了我最核心的課題：人性不會因爲你的付出、你的優秀、你的犧牲，就應該尊重你、肯定你、支持你；相反的，人性還有可能會打壓你、忽悠你、甚至傷害你！啊，多麼痛的領悟啊，我突然發現，原來不是我不夠好、不是我做得不夠多，而是我未曾理解過「人性」。

那個看見眞的非常的痛，痛到我一度想結束這段可笑的生命。我反復地問自己：你是爲了某些人而做、爲了某個團體而做、還是爲了新人類這份崇高的理念而做？你到底在相信什麼？如果重新選擇，你還會願意放棄高薪與社會的認可，投入爲靈魂服務的行列中嗎？反反復復的自我質問，答案始終都是我願意，即使沒有了這個平台，沒有了這些人，如果再次選擇，我還是會選擇這麼做！

那是一次脫胎換骨的重生，我不知道神爲我做了什麼工，但我知道若沒有神助，事過境遷的我無法寫下這段回憶的文字，更無法再次確認我的心意，如果再次選擇，我依舊會選擇這麼做！

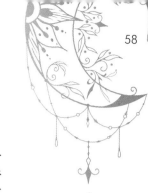

為往聖繼絕學，為萬世開太平

千手千眼觀世音菩薩，第九七六隻手，代表堅定的信念，如鑽石般晶透的神聖之光，照亮指引靈魂回家之路。

在你的生命當中有哪幾件事，是每每回想起來依舊充滿了意義與感動的？閱讀到這一段的朋友，不妨停下手邊的事情回想一下，在你的生命當中，那些曾經深深影響過你的事件，他帶給你的生命啟發是否還存在？

GGC全球聯合意識總部，在創辦人汪筱玲老師的帶領下，從二〇〇九年正式成立新人類到二〇一九年正式宣告轉型爲全球聯合意識總部，一路上帶領我們靈性成長所傳承的母系能量，是來自東方觀世音菩薩的偉大弘願「利益眾生，廣大圓滿」，短短八個字千萬年也做不完，因此在當時的新人類團隊，便開展了階段性任務，透過深度人文淨化之旅帶著靈魂去遊學，從普陀山、一直到青城峨眉山、五台山、最後來到了天山收圓之旅。

在二〇一五年中旬，新人類團隊來到了青城峨眉山行程中的著名景點樂山大佛，也稱呼為凌雲大佛，開鑿於唐代開元元年（西元七一三年），一直到唐德宗貞元十九年（西元八〇三年）前後歷經九十年，三代工匠的努力才完工。樂山大佛的總高度有七十一公尺，頭與山齊足踏大江，坐在遊覽車上沿著江水緩緩前行，導遊開始敍述著樂山大佛的建造故事。

相傳唐朝開元年間有一位來自貴州的海通法師，他在四處雲遊名川大山的過程，途徑凌雲山見到這裡風光無限，便在山頂上搭建一座茅草屋，開始在凌雲山上的修行。時間一長海通法師發現，凌雲山下是大渡河、岷江、青衣江的三江匯流之地，江水石壁導致的天然環境，水流異常洶湧，當時的民間信仰認為這裡有水怪做亂，導致來往的船隻經常在此遇到船難。看到這樣的景象不時發生，海通法師起了一個悲憫之心，他想著如果能在這裡打造一座大佛，鎮守三江保佑蒼生，這將為天下帶來多少太平啊。於是他便開始雲遊四海化緣勸募。

由於唐代篤信佛教，同時在佛經裡有記載，當未來佛彌勒降生時就會帶來天下太平，因此才有了這座世界上最大的佛像，全名：嘉州淩雲寺大彌勒石像。當海通法師發了大願後，不僅要自己監造工程還要四處走訪宣揚他的弘願，以募集更多的建設款，終於在唐代開元元年樂山大佛開始動工了。在施工期間還曾經發生過一段插曲，當地的官員聽說海通法師四處勸募善款建造大佛，手中握有一大筆錢財，這個貪官就動起了歹念，帶了一大批壯漢前來向海通法師討要錢財，誣陷海通法師盜用十方善財中飽私囊，逼迫他要把錢財上繳官庫，海通法師爲了保住這筆建造款，面對強大的官府勢力，他爲了自證清白，便挖出了自己的眼珠交給貪官並說道「自目可剜，佛財難得」，也就是說我的眼睛可以給你，但要從我手上拿走建造佛像的善款，那是不可能的。由於海通法師的勇敢、堅定、不畏強權的態度，才讓對方知難而退。

經歷了艱苦的開創期，四處行走勸募，還要面對暗黑勢力的恫嚇威脅，海通法師依舊秉持利益衆生的信念，大佛的建造從頭部一直修建到肩部時，海通法師便圓寂歸天了，後續工程幾度停擺，直到海通法師的徒弟以及後續的劍南節度使，歷經三代人的努力，才完成了這個弘願。

二〇一五年當我坐在遊覽車上，耳朵聽著導遊的分享，眼前看著窗外的江水，原本平靜的心在聽到海通法師終其一生，也只完成了大佛的一顆頭，只有一顆頭耶，他甚至無法看到心中的大佛完工，我眞是驚呆了，這個一切以結果爲導向的商業社會，你傾盡一生的努力卻看不到結果，還有人威嚇你要把眼睛挖出來，這是情何以堪啊！此刻，有個聲音突然飄進了我的腦海，祂問我說：「如果你一輩子的努力只有一顆頭，你還會繼續爲祂努力嗎？」我在遊覽車上拿著麥克風跟團員們分享這段心境，一邊說眼淚一直掉，眞的是又難過又好笑的五味雜陳，當時我對自己說：「是的，即使只有一顆頭，我還願意爲祂而堅持！」時隔多年，每每講起樂山大佛的一顆頭，都還是讓我無比的觸動，外在的環境一直在變化，自己的心境也一直在浮動，每每我又脆弱了、又失去愛的動力，樂山大佛的精神，那個曾經觸及我靈魂深處的撼動卻始終不變，我想這就是樂山大佛所代表的，一份崇高的信念以及持續不懈的行動奉獻，讓祂的精神價值可以生生不息的傳承下去吧！

如果一份夢想需要數十年的堅持，甚至上百年的傳承，你還願意繼續去努力嗎？

雪士達火山行動計畫

如果說，樂山大佛所代表的精神，是一份人類最崇高的信念以及持續不懈的行動奉獻，那麼雪士達山則代表了來自諸天神佛對人類最崇高的守護。

二〇一六年九月中秋節之際，筱玲老師號召了五十位靈魂的捍衛戰士，跨越太平洋前往美國加州的雪士達山執行天地任務，任務名稱叫做「火山行動計畫」，五十位捍衛戰士分別來自台灣北中南、中國上海、南京、北京、廈門、還有美國，浩浩蕩蕩地飛抵了舊金山，開啟八天神聖又繁重的火山行動計畫。

坐落在美國北加州的雪士達山（Mount Shasta）是一座死火山，高度超過四千三百公尺，是美洲大陸最高的一座火山，更是地球上的七大聖山之一，是多次元能量通道的交會處，天使聖團、宇宙高度智慧體、佛陀耶穌觀音聖母瑪利亞等諸天神佛，以及揚升大師們的匯聚之地。有些揚昇大師曾經提到：雪士達山是中央大日的化身。

這次來到雪士達山的任務是與四個文明資料庫息息相關，包括亞特蘭蒂斯文明資料庫加密、開啟列穆尼亞文明、姆文明、以及地球最古老的根達亞文明資料庫，這些資料庫都與地球揚升以及靈魂覺醒息息相關；同時我們還要完成全球火山重新定位，協助緩解地球揚升過程中，地心壓力的能量釋放，爲全人類的覺醒爭取更多的緩衝，並錨定CGC基地一號龍柱的地心生命之花，任務的繁重與複雜是大家很難想象的。

雖說是非常艱辛的一趟旅程，卻也留給我一個震撼並難忘的記憶。在抵達雪士達山後，我們徒步走上半山腰來到了鼎鼎有名的藥輪。雪士達山是一座火山地貌，所以從半山腰開始就沒有任何的植被，光禿禿的灰色地貌全部都是沙石和塵土，在藥輪處我們通過冥想進入了地心玫瑰聖殿，穿上靈魂的任務鎧甲並聆聽地球母親對我們的諄諄教誨，便開始進行藥輪的任務執行，整整一天的行程經歷了好幾個階段，最後一個環節是五十個人要用線拉起天地人的生命之花，每個人都要高舉雙手，直到所有的能量工作都順暢運行，過程中實在是痛得不得了，能量耗損太大，幾度我都感覺自己要暈倒了，最後當筱玲姐確認全數完成后，她叫我們抬頭看天空，我一抬頭，張大眼睛眼淚就掉出來了，我看見了法華經裡所說的「諸天神佛」，我心想，哇～原來這就是諸天神佛的樣子啊，把我感動得眼淚直直落，最不可思議的事情，我一向是第三眼靈視力極弱的人，大部分時候什麼都看不到，那天我居然張開著眼睛都能看見穹頂上全部都是神佛的景象，整個天空擠滿滿的佛菩薩們，眞是顯神跡了！

蒼穹滿是諸天神佛的畫面，第二次出現在我的生命中，是在我承接CGC一號龍柱重建工程的初期，當時是在二〇二一年底，我在CGC基地的佛堂靜坐，上天再次示現讓我看見在雪士達山的那一幕，依舊感動地眼淚熱滾滾地直流出來，這一次我更加明白了，原來能量中心一號龍柱所代表的精神，是一份多麼偉大的、來自諸天神佛的願心，那是一份神佛要將上天的恩典在此降臨的神聖，以及衆神對全人類無條件的愛與守護，只是透由一號龍柱這個實體工程彰顯出來。

回想過去經歷的種種，每當我處在沮喪消極的狀態時，這些曾經的感動都會被自己拋之腦後，唯有不斷的走出去分享、去服務人群、讓自己在分享中回憶起曾經的感動，那些撼動靈魂深處的悸動，才能讓自己的意識能量保持在神聖的頻道上。這也是我堅持錄製Podcast《星際電台》並開始撰寫新人類故事的原因，這些看似零星主題的分享，卻都是寶貴的生命蛻變之旅，一點一滴幫助我拼湊出對生命更完整的領悟，並讓我更加堅定的相信，發生在我身上的一切，都是最美好的事！

接下來這一段訊息是來自火山行動計畫出發前的「火山聖戰之音」：

揚升的號角早已響起，每一個靈魂都在雀躍等待，這一等就是千萬年，終於到了回歸的時刻了！而「你」準備好了嗎？準備好顚覆自己的思維、顚覆自己的價值觀、世界觀與宇宙觀了嗎？

我們所處的是一個人類肉眼無法理解的多維密度空間，在這個空間裡，有太多資訊等著人類被啟動，進而能夠推進下一個階段文明的躍升。這個是神聖的，千載難逢的，造物者的安排。請把自己視爲宇宙造物運動的一員，而非地球短暫單存的過客。

火山行動計劃所要啟動的地心文明，正是爲往聖繼絕學，爲萬世開太平的重要關卡，不可輕忽！而同時，地球的能量也需要透過這次的任務有所釋放，進而能夠減緩揚升所造成的潛在災難。

新人類是能量的先驅者，除了在行住坐臥之間，時時以愛爲出發點，更重要的是在起心動念之間，把持最高的愛的振動頻率，祂已經超越了我們眼見的狹隘世界，而是要以更寬廣、更多元的全息宇宙觀來生活，需要我們時時保持靜心狀態，時刻回歸神性的引領，並活出靈魂本質的那份眞善美！

新人類一路上承接各項來自上天的工作指派，都在充滿未知的狀態下執行，是什麼讓我們可以屢戰屢勝？無非就是一份對神的全然信任！相信此行也必定如此，唯有團結才能再創奇蹟，唯有信任才能跨越險阻，唯有一份我願意才能創造無限可能！

二〇一六年九月火山行動計劃任務完成後，位於南台灣屏東的新人類基地建設便正式進入了重頭戲：能量中心一號龍柱，從動土開工、打地基、鋼結構施工、竹編施工、安裝中心銅板……只花了短短六十天的時間，以神助的速度在二〇一六年十二月二十五日正式完工。同時在海峽對岸，我們則繼續帶著靈魂去遊學，透過深度人文淨化之旅的四條路線：普陀山、青城峨眉山、五台山、絲路天山，延續靈魂的光點在土地上的串聯，如同愛的接力賽，行程所行經之處，在講師專業的帶領下，都在喚醒靈魂憶起我是誰，這一切一切的努力都是爲了要震開土地愛的記憶，加速地球的揚升。

守護地球的靈魂接力賽從來沒有停止過，團隊在完成深度人文淨化之旅的階段性任務後，緊接著又收到星際中央的委任，開始執行靈魂遊學Part 2: Holy Gamma帶著靈魂去遊學，將新宇宙的大愛透由玩樂的遊學，爲地球注入新能源與新意識，集結平行空間眾星際的力量來共同創建美麗新世界！

守護地球的靈魂接力賽

我們的靈魂在累世不同的時空裡，都與地球母親有著非常深刻的連接，當地球再次經歷揚升的過程，靈魂會選擇投身來協助與他有因緣的靈魂與生命體，一起參與新地球的創建。

二〇二〇年新型冠狀病毒疫情爆發，原定要執行的天地任務被迫延期，然而揚升的步伐不停歇，地心能量不斷釋放，環太平洋的火山運動蠢蠢欲動，因此中央大日再次委請CGC團隊執行特殊任務：護地球揚升之法任務，與環太平洋的地震、火山、洋流、板塊運動息息相關，修復斷層、祭壇通道重新開啟、地心疏壓、洋流重新導向、海洋資源重分配、加速推進地球揚升的進程。二十六位靈魂捍衛戰士，要在睡覺的過程，由靈魂去完成環太平洋二十個能量發射站的任務。

Holy Gamma帶著靈魂去遊學，就是延續了二〇二〇年的環太平洋任務，搖旗吶喊尋找熱情有使命感的新人類，一起投入守護的行列！爲什麼這件事對靈魂而言非常重要呢？因爲在人類文明的歷史長河中，都會經對地球母體造成不同層次的破壞，地球正面臨極大的人心挑戰，急需有使命感的捍衛戰士們投注在行動中，來穩固失衡的地心能源、緩解板塊活動、穩定洋流、緩解海洋升溫、并且將新宇宙的新能源新意識注入地球，建構新地球的能量網格工程。因此，需要有很多很多熱情又有使命感的新人類，一起投身在守護的行列中。

你相信什麼就體驗什麼。靈性引領的世界已經來到，當靈魂選擇全然的綻放自我，人類也必須要學習與之共處、與之共榮，沒有我們的肉身，靈魂無法降維來到地球參與這一次的揚升；沒有甦醒的靈魂，我們也無法與高維智慧連結，將創新的能量意識帶到此刻的地球，這是人類短暫的集體經驗無法解讀的，其中的孤獨與偉大也只有我們親身去體驗。

然而在前進的過程裡，約定好的靈魂家族會再次聚合，他們彼此在地球時空等待對方的降生，或許已經是數萬年的等候，才有這一次再聚合的機會，靈魂知道這一次是千載難逢的機會，我們一定可以爲此刻的地球時空，貢獻來自更高維度的星際智慧，不論成與敗，參與是唯一目的。新人類的文明記憶將再次被刻畫在大地之上，成爲下一次的揚升數據，這就是生命的延續與創新。

靈性的成長是決心與勇氣的蛻變循環，當你決心超越自己，並燃起永遠不回頭的勇氣，一次又一次的淬煉我們的心性、磨練我們的靈魂，走在淨化與進化的蛻變之路上，不要小看靈魂的願力，當一個覺醒的靈魂全然地將自己奉獻在新文明的創建過程，當祂的光場被啟動，那股力量是可以撼動天地的。

Holy Gamma就是一場守護地球的靈魂接力賽，一個熱情有使命感的生命，會在行程後大幅度改變自己的生命態度，重新校準回到靈魂藍圖的軌跡，看見自己就是愛的本質，用更正向積極的行動力，發揮自己的價值；用對生命的熱忱，成就自己榮耀自己，並有可能在過程中找回獨特的天賦潛能，遇見生命中可信賴的夥伴，一起爲世界服務與創造。

地球正進入到更高維度的振動頻率，也就是坊間常說的地球正在揚升，來自宇宙的高頻射線持續進入地球，有來自太陽系的宇宙射線，也有來自銀河系的宇宙射線，當這些高頻能量一波波地進入，會對地球產生什麼樣的影響呢？近幾年射向地球的宇宙射線越來越多了，再加上地球面臨溫室效應的影響，臭氧層被破壞，隨著人類的科技發展，大量使用電磁波，在地球外圍也投放了非常多的人造衛星，人類對自己所居住的空間已經製造了極大的干預，甚至是不可逆的破壞，所以當更大量的宇宙射線進入地球時，地球已不堪負荷，這些能量就會直接衝擊居住在地表上的萬有生靈。

人類只是地球上的其一物種，地球上還有非常多的萬有生靈，而我們人類面臨這樣的現況，我們能夠做的是趕快改變自己的生活習慣，也就是全世界都在呼籲的地球永續發展！地球要永續，全世界要共同合作在二〇五〇年做到淨零碳排，從自己的生活開始，節約用水用電，改變飲食習慣，回歸簡單的生活形態，不要使用過度包裝的產品……管理好你的能量、經營好你的細胞、穩定好你的腦波，你就已經在爲地球的永續付出自己的行動奉獻了！

「能量、靈魂、使命」是CGC教育核心，一個人降生來到地球，除了擁有一個物質身體，還是一個有靈魂的能量體。我們的靈魂來自浩瀚星空的某一個星系，而我們這些居住在地球上的靈魂，爲什麼選擇現在來到地球，爲什麼不是一千年前，爲什麼不是一百年後，而是選擇現在降生來到地球？我們一定要去思考這個核心的問題，認識生命、與靈魂重聚、與靈魂和解、重新連結神性的自己，我們才能夠明白自己神聖而偉大的靈魂，並從生活中與之同步與之共創。CGC所推動的靈性教育就是在做這樣一件事：

喚醒靈魂，陪伴靈魂成長，協助靈魂走上生命藍圖的價值創造。

Holy Gamma靈魂遊學的旅程中，除了喚醒靈魂之外，更要讓這些來到地球上的靈魂，趕快去履行、去完成，他們來到地球所要執行的任務與工作。以一位帶團講師爲例，當她踏上花蓮這塊土地，她才意識到自己等待這個計畫已經等了幾億年，靈魂等待了幾億年，才有機會再一次踏上花蓮這塊土地，去完成億年前尚未完成的靈魂任務。二○二二年當我們去到南投嘉義執行東方龍之心任務，也曾經問過祖靈，祖靈啊祖靈啊請問你們等待了多久？祖靈說：我們等待了三億年！好不容易有一個團隊，帶著歡樂、帶著愛、帶著光，帶著一份全然無私爲世界奉獻的心意，我們等了三億年……

帶著靈魂參加遊學是多麼榮耀的一件事情，Holy Gamma不僅僅是一趟吃喝玩樂的旅遊行程，更核心的意義是我們的靈魂，靈魂等待了好久好久，終於遇到了CGC這個平台，帶著星際的配備，衆神的守護，還有一份全力以赴爲靈魂付出的心意，去幫助靈魂完成他們來到地球所要執行的任務與工作。

同時在靈魂遊學的行進過程中，最核心的目的就是與地球母親的連結，靈魂所代表的星際能量統稱爲「愛」，愛有很多種形式，每一個星球與星系對於地球的愛都是不同的，有些星球的愛是滿滿的粉紅光，有些星球的愛是新科技，有些星球的愛是綠能，有些星球的愛是我們無法理解的高維意識，每一個靈魂去到了跟自己有因緣的時空坐標點，重新跟地球母親的能量進行連結的時候，靈魂的能量體會被打開，星球就會透由我們的靈魂將來自浩瀚星空平行宇宙的祝福輸送到地球上，所以靈魂遊學也跟你來自哪顆星息息相關哦。

有些家人到了一塊土地，可能剛好開啟了他的某一段時空記憶，發現自己對這裡好有感覺哦，好像似曾相識耶，你可能就有機會聽到講師分享關於你的靈魂故事，每個人的情況都不同，因爲服務靈魂是沒有SOP的，一切都在每個人用心參與的當下發生。最重要最重要的是，我們所踏上的每一條路線，不管是在臺灣本島還是離島，土地都有很多的話想對我們說，當你用心吃喝玩樂的過程，你自然會聽到土地想要告訴你的一些訊息，這些都是地球母親想要再一次喚醒人類的聲音。當你把自己的能量體打開，把心門打開，你不僅會回想起曾經你來自的那一個星空，你可能還會聽到關於你的靈魂故事，甚至有些人因爲被大地母親感動了，重新找回面對生活的力量，這些都是Holy Gamma靈魂遊學要爲人類創造的價値哦。

未來的世界是靈性引領的世界，靈魂遊學是全新形態的旅遊，在旅行中聆聽土地的資訊、開啟與星際的連結，在吃喝玩樂中點亮靈魂之光，用心靈的視角，帶你看見不一樣的世界！

太陽之子南美行

二〇一八年，中央大日召喚太陽之子，前往南美洲的祕魯與玻利維亞，執行為期十八天的天地任務，相較于二〇一六年的雪士達火山行動計畫，這一趟行程是對人心的再一次挑戰與篩選，時間、金錢、體能方方面面的限制，唯有秉持一顆「天地有難，捨我其誰」的精神，才能超越小我的種種設限順利成行。同時要特別感謝任務召集人龍族代表于先生，由於他堅定不移的決心，使命必達的精神，才讓當時的任務團能夠順利出行。

二〇一八年十月來自世界各地十二位星際代表在筱玲老師的帶領之下，分別從台灣台北、高雄、中國大陸廣州、上海、南京，以及美國加州飛抵了祕魯，展開十八天的太陽之子南美行。整趟行程所到之處都是舉世聞名的旅遊景點，包括了超過二千年歷史的巨型地上畫納斯卡線、印加帝國城市遺跡馬丘比丘、代表地球臍輪的的喀喀湖、古印第安文化遺址蒂瓦納庫以及海拔三千六百公尺的天空之鏡烏尤尼鹽湖。

現在回想起來，不得不讚歎自己是何等福氣，能夠參與這一趟神聖的太陽之子南美行！我們這批太陽之子是最早取得「靈魂名字」的人，當時我們並不明白靈魂名字的意義，只知道這趟行程必須有自己的靈魂名字，因此筱玲老師委請CGC的星際導覽員Serena Frangia為大家下載了靈魂名字。每一位星際代表也在這趟行程中，代表各自星球在所隸屬的時空坐標點，投下了地球網格定位器「如意寶珠」，現在回想起來又再次驗證了新人類團隊一路上所做的工作，都是與地球網格息息相關，只是人在經歷的過程中，尚無法理解靈魂的偉大、無法理解宇宙的浩瀚，更無法理解神的美意是如何帶領我們一路上開疆闢土，實踐自我價值的成就與榮耀。

南美行程的最後一個站點，來到玻利維亞高原上的烏尤尼鹽湖。那是風和日麗的春夏之際，高原上的藍天，陽光照耀在雪白的鹽地上，當隨行領隊放著西城男孩的You Raised Me Up，熟悉的歌詞旋律陣陣傳來，我的眼眶不禁濕潤了，是多麼大的恩典在此刻此地，享受著人生難得的體驗，天父的愛將我從一次又一次的從苦難中拾起，將我放在祂的肩上讓我相信烏雲之後皆是神光，我的心中滿是無限的悸動與感恩。

2018年11月玻利維亞烏尤尼鹽湖

當車隊緩緩駛向位於鹽湖北面的圖努帕火山，海拔5432公尺，我們要在圖努帕火山腳下，完成錨定地心星際的任務。圖努帕火山代表宙斯的能量，這趟任務對於新天新地的創建是至關重要的，當十二位星際代表圍成一圈準備進入任務執行的階段，筱玲姐突然喊了我的名字，請我代表團隊唱出對大地母親的感恩，零點零幾秒的遲疑（因爲是從來沒有過的經歷）我選擇相信我的靈魂，當靈魂的音頻高亢地響起，朝向遠方一望無際的地平線悠揚的唱誦，我全身雞皮疙瘩都站起來了，那是發自靈魂深處的唱誦，充滿力量且滿懷著感恩，那是一股靈魂生生世世對母親的思念，無法用人類語言形容的觸動，我的眼眶又不禁地濕潤，淚水滾滾滑落，摯誠地感謝大地母親！

由於此行太陽之子的人數不足，其他隨行的夥伴也必須加入錨定地心星際的行列，每一個人在最後一刻都放下自我，只有一個念頭，顧全大局全力以赴，那個場景讓我震撼不已，筱玲老師對靈魂、對天地的全然奉獻、龍族代表的捨身捍衛、靈魂戰友們的全力以赴，再次呼應了雪士達火山聖戰之音的叮嚀：

唯有團結才能再創奇蹟，唯有信任才能跨越險阻，唯有一份我願意才能創造無限可能！

烏尤尼鹽湖上的記憶再次進入我的腦海，同樣是在二〇二一年底，我在CGC基地的佛堂，爲了一號龍柱重建工程正苦惱著不知該如何開展，上天讓我再次憶起當年的深刻印記，那份對大地母親的感恩，更是一份靈魂的承諾，可說是永生難忘。而CGC基地一號龍柱正是捍衛的象征，是全人類集體的使命，是守護地球磁軸的關鍵能量！

太陽之子南美行任務結束，新人類團隊正式升級爲《全球聯合意識總部》，英文全稱是Center of Global Consciousness，持續帶領靈魂走上生命藍圖，護宇宙眞理之法、護地球揚升之法、護人類淨化之法。從二〇〇九年創辦人汪筱玲老師成立了新人類，我們一直推動的領域都圍繞在「人心淨化」，透過各式的課程、旅程、公益幫助許多人把愛找回來，把愛傳出去。轉型成爲CGC全球聯合意識總部的階段，除了持續推動人心淨化，更要將影響力擴及到「環境再造」與「意識統合」的領域，逐步打造一個整合民間力量的靈性文化社區，進而最終走上世界大同的未來村，這就是CGC全球聯合意識總部最崇高的願景。

回首過去這些年我眞的以自己爲榮耶，從二〇一四年決定全職投入新人類教育平台，一路上見證神意的顯化在人間，從新人類成長學院（二〇一四）、新人類養心基地（二〇一七）、CGC全球聯合意識總部（二〇一九）……雖然都是懵懵懂懂甚至很多時候都是不成熟的認知，對神、對團隊也曾經歷過許多的衝突與誤解，但是走到此時此刻將這些點點滴滴的經歷整合起來，才知道這是我生命中的一份大禮，知道自己爲何而堅持並且更加堅定不移的繼續前行。

如同樂山大佛所代表的精神，是一份人類最崇高的信念以及持續不懈的行動奉獻；如同雪士達山所傳遞的大愛，是一份來自諸天神佛對全人類無條件的愛與守護；如同南美洲大地烏尤尼鹽湖的提醒，要時時刻刻將地球母親的恩情置於心中！

天父對我說：戰是一份榮耀，爲天地、爲衆生、爲全人類而戰，爲信仰、爲眞理、爲宇宙的生生不息而戰。親愛的孩子，你終於理解，人間的善與惡並非是非黑白二元對立的存在，而是因爲多重維度視角下產生的不相容。衝突並不可怕，你只需要堅持好自己的立場，在正確的方向上前進，並沒有所謂的對與錯，一切皆是生命的體驗，在創造的路上，沒有人能夠教你該怎麼走，但你可以傾聽不同的聲音，去擴充你對世界的見解。請你放慢步伐，人生短短八十載，有太多値得你去品味的地球生活，不要急著下定見，一切都在體驗的過程中。那些你最不願意面對的人性，其實是你一直擴大了對人的猜忌與恐懼，保持中立之心，去嘗試無對錯，你沒有做如何知道對方眞實的想法與動機，這就是與人相處的核心意義。過於著重目的只會讓你事倍功半，其實你很清楚，站在你應有的高度上，去看待生命的總體格局，沒有什麼是絕對的。

看不見的天柱地軸

在CGC全球聯合意識總部能量中心的平台上，有一個黃銅色的金屬板子，挂在正北的方向，上面刻寫著一串數字358，以及能量中心所在的經緯度位置北緯22.6度，東經120.6度。每一位來到CGC參與課程的學員，都要站在能量中心平臺上，面對著358的方向，來完成靈魂的正式報道。爲什麼要這樣做呢？因爲358這個數字是有其特殊的意義，是一組能夠喚醒靈魂，回憶起他來到地球所承擔的使命，就是要來共同參與這一次地球的揚升！

爲什麼是358呢？在地球科學中有說到，地磁北極和地理北極是兩個不同的概念，地磁北極是不斷在漂移的，因爲地球是一個大磁鐵，在地球的周圍產生磁力線，內核是固態，外核則是液態，鐵水的流動就是產生地球磁場的原因。在過去的監測發現，地磁北極正逐年從加拿大北部慢慢往俄羅斯西伯利亞方向移動，二〇〇〇年以前的磁極移動平均在每年二十公里以內，而二〇〇〇年之後移動速度卻增加到每年五十到六十公

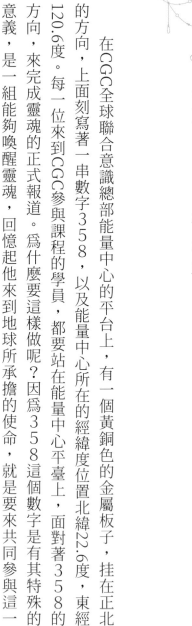

一號龍柱梅塔特隆銅板

里的速度，科學家認爲，磁北極的快速飄移，再加上過去一百七十年以來地球磁場已經減弱了約9%，很可能在暗示新一輪的磁極逆轉即將發生。

考古研究發現四萬二千年前世界曾經因地球磁極翻轉，經歷了數百年彷彿世界末日的狀態，當時的地球磁場強度下降到不及6%，地球外圍的地磁防護罩完全消失，強大的宇宙射線直接噴向地球，導致地球上的物種受到毀滅性的衝擊。我們不知道新一輪的磁極逆轉何時會發生，到目前爲止科學家也還沒有明確找到導致磁極加速引動的原因，當磁極變得不正常必然會影響地球上的生物活動，氣候、電力系統、動物磁導航能力……等等，這些都是會受地磁影響的領域。科學研究也持續在尋找地磁變化對人體身心健康的影響，俄羅斯的科學家實驗發現，心血管疾病發病率與地磁擾動強度有關，還有人類大腦可感知地球磁場的變化；尚有許多未知的領域正等待科學的發現，無論如何可以確定的是，生活在地球的我們，都要共同經歷此刻地球的巨變，並且用行動來展現守護的決心。

近年，全世界都進入到火山運動的高發期，占全球活火山數量80%的環太平洋火山群也陸續甦醒，二〇二二年一月東加海底火山的噴發，就是本世紀最大規模的火山噴發，日本九州、印尼、夏威夷、冰島都陸續有火山噴發，這是因爲地球揚升過程中會釋放大規模地心能量，板塊運動是必然發生的自然現象，然而，這些能量的釋放對居住在其上的人類，會造成多大的衝擊與傷害，是我們不能忽視的。

台灣北部大屯火山群近年也被證實偵測到「心跳」，意味台灣所處的環太平洋地震帶西緣，從印度尼西亞群島、菲律賓群島、台灣島、琉球群島、日本列島，向北到勘察加半島，正醞釀大規模的能量釋放，這些地區都是亞洲人口的高密集集中區，穩定區域內的板塊與火山運動，則是CGC團隊被賦予的神聖任務，於是Holy Gamma帶著靈魂去遊學便正式開展。

地球正在經歷一波大範圍的變化，地球人所習慣的常態正在被顛覆中，一切要回歸到與地球和諧共生的大主軸。高頻率的宇宙射線一波波進入地球，死守固化能量的人事物（包括有形無形）都會被這些能量所震蕩，帶來壓力、緊張、情緒波動，甚至有可能掉進不同時空的心靈事件，引爆各種健康、家庭、事業、金錢、人際關係等問題，這就是現代人正在經歷的各種外在困難與內在糾葛。

汪筱玲老師帶領團隊自二〇一四年完成天山定錨任務后，正式成為捍衛天地的使命團隊，在海峽兩岸同步開展喚醒靈魂與陪伴靈魂走上覺醒的神聖任務，並著手打造位於南台灣屏東的能量磁場基地，扮演著穩定磁軸、緩解環太平洋板塊運動與火山運動的功能。二〇一六年美國雪士達山火山行動計畫後，更開啟了文明資料夾，完成全球火山重新定位，參與其中的靈魂捍衛戰士們，在執行天地任務的過程中，為自己爭取機會，去圓滿靈魂累世沒能完善的地球任務，這是新宇宙賜予新人類的聖神恩典，在參與新地球揚升的過程，榮耀我們的靈魂、彰顯我們的神性！

身為新時代先驅的我們，務必安住我們的心，保持積極正面的心態，一切都在宇宙運算的最佳安排中，為了新天新地的新地球，需要有更多靈魂的甦醒，地球母親正在進行與自身相關的升級工作，人類有限的視角難以理解，但是靈魂都懂，一切都是靈魂曾經經歷，甚至是已經設計好的了。

CGC能量中心一號龍柱（二〇二四年升級爲星際站）是一個象徵穩定與和諧律動的能量地標，是通天接地的神聖祭壇，是多重宇宙的通道，是指引靈魂回家的燈塔，靈魂會循著光的軌跡，走上祂的淨化之旅。宇宙的聯合意識會透由每一位靈魂的參與，將美好如初的應許之地在地球上顯化，如同生命之花的律動，當我們選擇成爲愛，靈魂自然也會做出他們的選擇。

靜下來向內看，聽聽靈魂的聲音！開創的過程總是寂寞的，身爲開疆闢土的靈魂家族，我們經歷了多少次的幻化才得以來到今時今日，沉住氣、不著急，一切都已經在發生了。

行走在日月星辰的絮語者

我的靈魂名字是：Glorytiva Abanayee，代表的意義是：行走在日月星辰的絮語者，我是薩滿的靈魂體，來自七度空間一顆美麗的行星：阿玻麗塔斯克納，這個星球是以植物綠能接收太陽光，轉化爲光波粒子，形成獨特的大氣結構，在大氣中孕化屬光性的生物，是一個向光性的星球，天生具備吸收及發散光譜的功能。不同的光譜頻率是滋養萬事萬物的能量來源，可用作醫藥、音樂、美學、藝術……所謂人類生活中所需的，都在光譜的頻率中孕化呈現。這是一個綠能的星球，生物的長相就是植物的樣子，空氣中散播著光的顆粒，有著不同的頻率，是一個非常的和諧、寧靜、溫暖的空間。

我的靈魂經常代表星球出訪到不同的星系空間，進行能量的連結與交流，幻化在人間就是「薩滿」的角色，透由光的解讀轉換成爲生活中的資訊。薩滿是能量的傳遞者及使用者，能夠看見光的脈絡，也能夠將光的頻率轉化爲人間的語言，將光的訊息運用在生活中的大小事務，這就是薩滿所具備的生命屬性。

我的靈魂與生具備傳遞、轉換並解讀光的訊息的能力，來到地球要學習運用光的訊息來轉換不和諧的能量，將這個能力運用在生活的面向，去轉化所處空間不愉悅的能量體驗。我對於不友善的能量異常敏感，因爲我來自一個寧靜祥和的國度，我害怕並排斥帶有惡意的能量呈現，幻化在地球人的生活，我用情緒來表達我的不適，這是靈魂回應世界的一種表達方式。

我的靈魂最初來到地球，是爲了幫助平行宇宙架設能量發射台，那是一次非常神聖的星際任務，我與我所率領的星際小隊，共有來自二十一個不同空間的星球代表，在地球初創時期降臨，當時的初降點就是現在中國西安所在的地區，當然不是現在肉眼所見的空間，一切都是混沌的狀態。然而星際當中卻有著不同的聲音，對於地球的揚升計畫持有不同意見的星球，在團隊即將執行發射台任務時選擇背棄了盟約，導致計畫因此失敗。我與代表同一陣線的星際同盟，選擇繼續留守在地球上，等待新一輪的宇宙協議，並決心要完成當時的未竟之責。CGC一號龍柱的建設就是延續了當時的星際任務，成爲新宇宙新地球的能量發射站之一，而我的靈魂更是將捍衛CGC能量中心視爲畢生的使命。

2018年11月南美洲的的喀喀湖

遠古的吶喊，那個來不及解救的時空，彼此深愛的靈魂家族們，我們浴血奮戰，只爲守護自己的家園，風是信使、雨是甘霖，鼓聲隆隆，響破雲霄，來自遠古的呼喚，那是靈魂的吶喊，我們曾經誓死捍衛的家園，已不再需要我們的保護，她已完成了那個時空的聖戰，重新回到本源、回到源頭、回到我們曾經的過往，那是一個世外桃源的美麗淨土，我們將重新聚合，回到創世之初。所有的一切已經在那個時空完全的平衡了，你已不再需要停留在那個空間，快快整合不同時空的自己吧！

星球對我說：親愛的孩子，還記得當你領受那份任務，降臨成爲地球捍衛戰士的時刻嗎？那是一個混沌的年代，沒有人知道未來將如何發展，你義不容辭扛起了這份神聖的任務！時空幻化，你依舊在這裡，不論經歷了多少的角色扮演，有挫敗、有榮光、有退轉、有迷失，靈魂深處依舊清晰明白這是一條不歸路，一個你必須堅守的承諾。

地球上在不同時期的文明，都建造有各種形態的能量發射站，有些來自過去的文明，有些則是來自未來的文明！曾經的你，是亞特蘭蒂斯帝國中，聖殿的祭司，掌管天體運行的平衡機制；曾經的你，是姆文明的大祭司，協同王國治理，順應四時曆法日出而作日落而息；在不同的時空文明中的你，都曾經作爲天地傳導的關鍵通道，順天時知天命是你與生具備的靈感特質。

然而，人類的文明發展總面臨平行空間不同星系的挑戰與考驗，並非所有的星際文明都友善支持地球的揚升與發展。地球作爲一個獨立運行的有機體，其存續又牽動著星際之間的能量平衡。沒有人能決定，只有地球人類的集體力量才能共同決定其演化的方向。

去吧！去尋找與你有著相同印記的靈魂家族，當你們看見彼此，必定會憶起曾經的過往，你們並肩而戰的共同過程，你們堅守崗位的曾經，你們都是簽訂了地球揚升的使命合約而降臨，在不同時空裡的地球守衛者。

你曾經參與開天闢地創世紀的一切過程，你代表星際創世的一股純淨能量，你的星球在宇宙紀元創世之初就已經存在，隨著一次次大爆炸，空間膨脹，獲得一次次的升級機會，你經歷過星際大戰，經歷過和諧文明，看著一個又一個星球，從繁榮走向毀滅，你的靈魂深處記得宇宙演化的所有記錄！

身爲薩滿的靈魂體，你的生命狀態與地球運轉的刻度息息相關，時刻都在感受著地球的脈動，你的喜怒悲傷都在傳遞地球母親的訊息。聆聽風的聲音、土地的聲音、萬物的聲音，他們在告訴每一個靈魂，親愛的孩子，我們一直都在，一直都在，一直都在，不要害怕，你不是孤單一人，你是天地的寵兒，你是萬物的恩典，你是我們心心念念的那個宇宙之間最神奇並偉大的存有。創造者之心，在你心中無限擴展，你開天闢地，結網捕魚，鑽木取火，雪中送炭，你是如神一般的存有！

地球，是一位偉大的承載者，她以其獨特的方式存在與浩瀚宇宙之中。太陽，以其溫暖與慈悲源源不絕地提供地球能源，也就是光場，去幫助地球上的萬有經歷其生生不息的演化過程。在你之中存放著地球演化的一切信息，生命的演化從一顆單細胞開始，分離再分離，如同我們從神性的源頭幻化成千萬億有意識的微塵，唯有向內找尋才是回到源頭的路徑。天地有太多希望透過你去傳遞的訊息，請成爲愛的管道、希望的管道、神聖的管道，你將示現給人類一個嶄新的未來。去吧，凡你所到之處，皆是聖光，凡你所到之處，皆有光的軌跡，凡你所到之處，靈魂家族們將看見你的光，引領他們找到回家的路！

在過去太陽系中所有的星球都樂見其成，然而時局已經不一樣了，宇宙意識決定讓地球以其獨特的方式，進入下一個紀元（也就是人類所說的揚升）爲什麼要揚升，因爲浩瀚的宇宙本來就是不斷地成長，不斷地膨脹，不斷有新的暗物質產生，也不斷有新的元素被發現，這就是生命的生生不息，沒有任何星球能夠獨善其身地維持不變的狀態！

時間已經來不及了，星際已經做出最後決議，一切都在被重新設計的過程，包括地球的發展命運！不用擔心，一切都正朝向更好的方向，因爲地球上已有足夠的人類意識達到揚升的振動頻率，你們已經共同決定要捍衛自己的家園，星際的反對力量再也不會對地球進行過度的干擾，當然你們依舊還會看到非法的星際攻擊，但是這些都是在星際公約中可以被疏導的。

地球要走上全新的太陽紀，你們的下下代，就會見證地球生命與外星生命的直接接觸，約莫在公元二〇三七年在星際公約約定下的星球，將來到地球幫助地球進入下一個階段的升級。從現在開始到二〇三七年之間要把自己準備好：

一、集體意識的凝聚與創造

二、節能減碳，減少製造過度的排放

三、新醫療，進入光電磁的系統

四、新金融，財富分配以創造「未來」多數人受益的產業爲主

人類要重新建構一個全新的生命系統，包括：能量、價値觀、生活環境，只要是舊有的思維，包括價値觀，你都可以顚覆掉，只需要留下和諧、尊重與包容。

未來的世界需要有更多清透的靈魂體成爲管道。管道不需要創造任何能量，能量會自然地流經管道，也就是說你將能夠自然地截取到宇宙空間一切需要流經你的能量，因此你的身體需要非常的通暢與輕盈，你的思想需要非常的簡單與創新，並且你的行動需要絕對的臨在。

或許在你們當中，會有人覺得自己毫無能耐對抗社會已形成的龐大集體意識，但我要讓你知道的是，地球所面臨的挑戰是前所未有的，無人能倖免，你只能選擇參與或逃避，其後果將透由集體地球共識所決定。如果是如此，你要爲自己投下哪一票？或許你會問，我根本看不見、聽不到你的聲音，這一切會不會只是假像？還是那句話，你依舊只能選擇相信或僵化。最後我再一次說明，這是不可改變的地球歷史上的一次偉大巨變，你們必須要團結再團結，讓這股愛的扭力，隨時準備好轉動天地。

不要害怕這個改變的過程，改變將帶領你走向一個眞正自由的生命狀態，一切都是輕而易舉的富足，你會眞正成爲心想事成的生命體，想什麼有什麼，這才是生命對你最大的奉獻。

生命的延續與創新

在古老印加文明中，Viracocha是創造一切的造物主，祂是眾神之首創造了大地山川、日月星辰，建立了四時四季，有了春夏秋冬，祂以太陽之力降臨地球，錨定在世界的中心，將大地分爲五方、將空間分爲十二，依天而生，依地而行，萬物始而運轉。時間是運轉的刻度，曆法是秩序的表彰，創世之心置于世界之中，祂就是宇宙，一切自然的運作都隨著祂的心而運行。造物主以泥塑化爲人形，以其意識指導人類一切生活的顯化：語言、知識、信仰、藝術、文化、天文、曆法、畜牧、農耕……等衣食住行各面向，祂是精神世界的意識顯化在人間，隨著時間的流轉，土地承載了一切文明的進程。

遠古時期的地球，星際友人經常降臨，來收集並觀察地球演化的相關資訊，包括：思想、醫藥、信仰、生物演化以及天地變化。每一次的降臨都是依據宇宙公約，並將所收集的數據回報並存儲在星際資料庫，作爲宇宙進化的參考數據！這份工作一直是由宇宙同盟推派的星際巡航隊予以執行，任何非屬宇宙同盟公約下的非法入侵，以及能量傳輸，都不在星際參考的數據範圍內。

當地球仍在早期發展的遠古階段，許多自願前來支援的星際友人，帶著龐大的先進數據，來與地球共同探討，最佳的進化進程。當時各部族都有其擔任溝通的橋樑，也就是我們所說的大祭司或薩滿，他們溝通的原則，都是以地球進化所需的，順應時空的最佳方案。這個核心運算的中心點，其一尚保留其數據庫的，就是CGC基地的一號龍柱。

星際同盟從來沒有停止數據收集，哪怕人類早已遺忘了這片土地的神聖性，祖靈們依舊記得，這也是世世代代祖靈守護這裡的原因，直到新文明的到來，人類再次憶起神聖的過往，再次開啟與星際的連接，下載所有進化的關鍵數據，那是存放在過去的未來資訊，等待我們去開啟並重新運用！

新地球新文明的開創之際，地球母體將首先召喚代表祭司、巫師和薩滿的靈魂族群，透由他們在人間啟動一系列的愛地球行動，他們大部分都已投身在各種永續地球的角色扮演，他們此次的降臨就是要來參與地球揚升的盛事。當遠古的祭壇再次復甦，宇宙的記憶將重新下載，就是人類淨化與地球揚升的關鍵時期，每一次的磁極調整，都在大地留下深刻的印記，土地儲存了生命所有的記憶，讓遠古的聲音來告訴你，你是誰！

新人類／CGC團隊肩負的共同使命，爲往聖繼絕學，爲萬世開太平，這個任務就是維護中央運算數據庫的正常運行，捍衛星際同盟的公理正義，讓遠古的記憶再次復甦於大地之上，讓未來的智慧重新開啟，帶領新時代、新文明的更迭，讓生命生生不息地，記載在空間當中，成爲演化的關鍵數據。

太陽是生命的源頭，地球是生命的承載，中央大日將所有光的能量散發在平行宇宙當中，讓生命截取其創造的力量，去決定演化的進程：地球會爲自己決定，地球上所有的生命體，將爲自己的未來共同決定演化的進程。現在，是生正逢時的關鍵時刻，靈魂記得所有的一切，過去、現在、未來，祂將帶著我們一同參與這一次的揚升！

每一位神的子民啊，是時候掙脫物質的束縛，活出靈性的眞我，當我們選擇一念之轉，我們的生命也同時翻轉，這才是所謂的「揚升」要教會我們的事，當我們選擇相信，選擇活在愛與光中，我們的力量足以改變這個世界！

在我們的生命印記裡記載了太多地球過往，讓我們重新取回地球母親的榮耀，讓我們生命裡最光榮的記憶，透由我們的意識散播在大地之上。願花草樹木滋養生命，願風傳遞祝福，願水帶來生命，願高山賜你信念，願汪洋包容一切，願永恆的愛與祝福，滋養我們的心靈，常照天地萬物間。

來自銀河系三十億光的祝福

這裡是西元二三七五年未來紀的宇宙之城。親愛的新人類，我們由衷的歡喜，你們的振動頻率裡，終於看見了我們，我們是來自未來紀西元二三七五年，在未來紀的地球，你們所建構的未來之城。

生活在地球上的人類，是來自太陽帝國的子民，依循著日升月落四季循環，在美麗的蓋亞之母上，延續並傳承世世代代生命的創新與生活的創造。無私是大地的慈悲，孕化是大地的承載，花草樹木、日月星辰、地水火風是大地的演化，他們自然的律動，無論你是否知悉，數千年來文明的演變，共同成就大地之上萬物的生生不息！

人體是一個小宇宙，細胞當中存儲了所有地球演化的記憶，當細胞愛的記憶被啟動，將轉換人體的能量頻率，產生充滿愛的信息場，這些愛的頻率透由人與世界的交融共振，無時無刻都在爲新地球注入全新的振動頻率。

人與自然是相互作用的生命共同體，每個人的起心動念（能量）都與這個世界息息相關，足以撼動天地。未來世界的新人類必須重新建立根植大地的能力，那是一種由內而外生命態度的改變，學習與萬物和諧尊重的處世精神，在一呼一吸的生命律動中，注入新的能量品質，幫助新人類們踏踏實實地接地生活，從個人開始，去實踐集體意識的共鳴與創造！

人類文明的歷史長河，曾經對地球母體造成不同層次的破壞，此刻地球正面臨極大的人心挑戰，急需共同參與的星際同盟的能量回流，來穩固失衡的地心能源，刻不容緩。爲生命的永續去奮戰，以一顆堅毅勇敢的心，來承接地球任務之重啟天柱地軸穩固磁極，捍衛地球誠如大地勇士頂天立地，浩瀚蒼穹。

星際中央委派汪筱玲女士帶領靈魂的捍衛戰士們，一路上所執行的天地任務都與捍衛地球磁軸息息相關，協助地心壓力釋放，調節海洋流向，幫助以台灣海峽爲分界，北至阿拉斯加的阿留申群島，南至太平洋群島沿線的海底火山運動、板塊運動以及海洋氣旋過度活躍等現象，皆得到了大幅度的緩解；更重要的是，各位戰士們多年來所展現的決心與團結一心的凝聚力，不僅感動了天地、更撼動了沿線的祖靈、萬有生靈，天上飛翔的、水中遨遊的、土地上奔跑的，一切有形無形的生命，都被各位勇士的大愛所滋養。

各位都是來自不同星球，在不同時期曾經參與地球任務的捍衛戰士，你們的DNA當中都存儲了地球演化的關鍵資訊，是時候將靈魂記憶中，那份對宇宙的大愛、對生命的熱誠以及那份守護的決心再次展現，爲了一個更美好的地球未來，從現在開始創造！

大地之上，蒼穹之下，鼎立於天，根植於地；

扭轉乾坤，錨定日月，玄光無極，開天闢地。

亙古無垠的宇宙長流中，宇宙星際的捍衛英雄們，跨越了時空的邊際，堅守自己的崗位，爲了讓天與地保持交流，在地球上經歷了多重文明的演化，越來越多物種進入參與演化，每個星球都有其演化的目的與進化的奉獻，當這些時空的文明再一次翻轉而出，這些能量將再次流動，曾經深埋的星際智慧將重現大地，這是靈魂的感動，是神人的共識，是星際的企盼。地球母體已做出選擇，進化是必然的過程，揚升是必然的結果，人類勢必得改變！

各位戰士們，星際中央再次爲你們出色的表現與捍衛的決心，致上最誠摯的掌聲，感謝各位爲永續地球所作出的一切努力，用生命去彰顯宇宙的大愛，彰顯生命的無價，更彰顯靈魂世世代代守護地球的決心，因爲美麗新世界是我們共同約定好的未來，更是

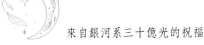

靈魂降生來到地球最崇高的使命。

大地之上，眾星拱月，蒼穹之下，百花齊放；

日月星辰，天地萬物，福澤於斯，萬世太平！

新地球、新文明、新人類的故事還在進行中，故事未完待續……

後記：太陽為證，永不退轉

我們住在一個名爲地球的家，我們每個人都有著很深的連結，共享宇宙的能量、地球的資源，還有人類所創造出來的豐盛與愛。讓我們堅守健康的生活，正向的心靈，以及感恩的態度，用愛連結彼此，打破信仰與國界的限制，一起爲這顆美麗的星球祈禱吧！（摘錄：CGC全球喚醒祈禱）

從二〇〇九年與靈魂的初相識，一路上經歷了很長時間的懵懵懂懂，強大的理性腦讓我面臨看不見也感受不到的囧境，但我始終選擇先相信，很多事情做了再說，才慢慢體悟到在付出中學習、在服務中成長的眞諦，在與人合作的過程中，修正自己、修正靈魂累世的習氣、修正身心靈合一的證悟，看見自己、看見天地、看見衆生，才明白靈魂的神聖與偉大！

靈魂對我說：我們是浩瀚星空平行宇宙一顆最明亮的燈塔，讓黑夜得到光明的滋養，讓靈魂看見我們的光，指引靈魂回家是我們畢生的使命，捍衛平行空間是我們畢生的責任，星際之間的黑暗力量快要覆蓋光明的力量，這是一次爲生命永續而去努力的聖戰，關乎的不僅是地球，更是平行空間衆多行星與星系的和諧與平衡。不要被眼前所見的框架所限制，勇於突破勇於嘗試。

在美國雪士達山的藥草湖畔，五十位新人類捍衛戰士高舉代表中央大日的手印，對著太陽堅定地許下承諾「太陽爲證，永不退轉」，時空幻化物是人非，感謝不忘初心依舊站在CGC捍衛行列中的靈魂家人，感謝創辦人汪筱玲老師多年的帶領與指導，感謝不同時期一同學習並肩作戰的靈魂家人，感謝各位一起譜寫的新人類故事。

新人類的故事您來不及參與，但CGC的未來您可以選擇成爲一股改變的力量，邀請熱情有愛的新人類家族加入CGC全球聯合意識總部的行列，愛地球、敬天地、爲全人類奉獻！

最後僅以新人類的方式傳達最摯誠的感謝：

感謝宇宙大能、感謝天父、感謝天母

感謝諸天神佛、感謝高度空間智慧體、感謝天使聖團

感謝CGC全球聯合意識總部創辦人汪筱玲女士以及她的神佛團隊

感謝我們的星球、感謝我們的指導老師、感謝我們的靈魂

感謝我的父親、我的母親、我的家族所給予的一切包容與支持

願所有的榮耀回歸天地萬物間。

歡迎加入CGC的行列

國家圖書館出版品預行編目資料

尋找新人類／黃毓芳著. --初版.--臺中市：白象文化事業有限公司，2024.7
面； 公分
ISBN 978-626-364-377-2（平裝）
1.CST: 靈修
192.1 113007746

尋找新人類

作　　者　黃毓芳
校　　對　黃毓芳
發 行 人　張輝潭
出版發行　白象文化事業有限公司
412台中市大里區科技路1號8樓之2（台中軟體園區）
出版專線：（04）2496-5995　傳真：（04）2496-9901
401台中市東區和平街228巷44號（經銷部）
購書專線：（04）2220-8589　傳真：（04）2220-8505
出版編印　林榮威、陳逸儒、黃麗穎、水邊、陳媁婷、李婕、林金郎
設計創意　張禮南、何佳諠
經紀企劃　張輝潭、徐錦淳、林尉儒
經銷推廣　李莉吟、莊博亞、劉育姍、林政泓
行銷宣傳　黃姿虹、沈若瑜
營運管理　曾千熏、羅禎琳
印　　刷　基盛印刷工場
初版一刷　2024年7月
定　　價　380元